Uwe Wolff

Wo war Jesus zwischen Karfreitag und Ostersonntag?
Das Leben Jesu für unsere Zeit erzählt

DIE WELT DER RELIGIONEN Band I

Uwe Wolff

Wo war Jesus zwischen Karfreitag und Ostersonntag?

Das Leben Jesu für unsere Zeit erzählt

Kreuz

»Was hülfe es dem Menschen,
wenn er die ganze Welt gewönne
und nähme doch Schaden
an seiner Seele?«
(Matthäus 16.26)

Inhalt

Einleitung: War Jesus ein Holländer?

Wohin am Wochenende? Freizeitparks und Wasserparadiese der Umgebung locken meine Kinder nicht mehr. Da bleiben sie lieber zu Hause. Auch der Zoo in Hannover ist letztens erst besucht worden. Für Euro-Disney in Paris und Warner-Brothers-Movieworld in Bottrop bin ich nicht zu haben. Doch mein Vorschlag eines Ausflugs ins westliche Nachbarland Holland erweckt Reiselust bei den drei Geschwistern. Holland, da denken Johannes und Hannah an Käsewerbung, die scharfen Lakritze der Marke »Brüller« und süße Honigkuchen. Ihre Mutter Eleonora erinnert sich an die Jugendzeit im westfälischen Münster. Anfang der Siebziger Jahre waren Ausflüge nach Enschede beliebt. Die Clique fuhr mit der Ente oder dem Käfer über die Grenze. Aus dem Radio erklangen »Born to be wild« von Steppenwolf oder »White Rabbit« von Jefferson Airplane. Nach Holland wurde gefahren, um dort Jesuslatschen, Zigarettentabak zum Selbstdrehen, Räucherstäbchen, parfümierten Tee und drei Gramm schwarzen Afghanen für den Selbstversuch zu kaufen. Auch religiöse Schriften von Buddhisten, Hare-Krischna-Mönchen und den Jesus People brachte man aus Enschede über die Grenze mit.

Eigentlich war eine Reise nach Israel und Palästina geplant. Nachdem ich Zentralasien und Pakistan bereist hatte, wollte ich nun das unruhige Land, in dem Jesus gelebt und gepredigt hatte, mit eigenen Augen sehen. Doch die Gewalt erreichte wieder einen neuen Höhepunkt. So fuhren wir nach Holland. Ich hatte von einem biblischen

Freilichtmuseum in der Grenzstadt Nijmegen am Niederrhein gehört. Ja, beruhigte ich den siebenjährigen Jaakob, McDonald's gebe es in Holland auch. McDonald's ist konkret, aber wer kann sich unter einem Bibelmuseum etwas Rechtes vorstellen?

»Werden dort Bibeln ausgestellt? Wurde dort vielleicht die Bibel geschrieben?«

»Nein«, sage ich, »dort werden wir Häuser, ja ganze Dörfer aus der Zeit Jesu sehen.«

Der Erstklässler ist begeistert: »Das Dorf, wo Jesus gelebt hat!« Dann wird er nachdenklich: »War Jesus ein Holländer?«

Der ältere Bruder schmunzelt und klärt ihn auf. Das Museumsdorf stelle vermutlich die Wohnverhältnisse aus biblischer Zeit dar, und Jesus sei kein Holländer gewesen.

»Also doch ein Deutscher!«, atmet Jaakob auf.

»Nein«, sage ich, »Jesus war ein Jude, und er lebte in einem Land lange vor unserer Zeit.«

Das kann sich nicht nur der kleine Jaakob schwer vorstellen. Jesus lebt und wirkt seit Jahrhunderten in den Bildern, die sich Menschen auf der ganzen Welt von ihm gemacht haben. Er ist der gute Hirte, der strenge Weltenrichter über den Eingangsportalen der gotischen Kathedralen, der Freund der unterdrückten Landarbeiter in Nicaragua, der erste sanfte Mann und Ökofreak, der Revolutionär und Befreiungskämpfer an der Seite Che Guevaras, der Held der Comics, Romane und Filme. Als Eleonora selbstgefärbte Batikkleider und Jesussandalen trug, ihr Haar mit Henna gefärbt und zu Zöpfen geflochten hatte, war Jesus der Superstar des ersten Musicals von Andrew Lloyd Webber. Maria von Magdala sang darin hingebungvoll: »I do'nt know how to love him …« Und im Jahr 1998 gelobte Marius Müller-Westerhagen:

»Jesus
schenk mir dein Leben
ich geb dir meines dafür
Jesus
ich werd nie aufgeben
bis an die Himmelstür«
(Radio Maria)

Über das Leben berühmter Menschen werden Biografien geschrieben. Je bekannter sie sind, desto schwieriger wird es, Wahrheit und Erfindung genau zu trennen. Unser Bild von den großen Stars der Rockmusik, wie John Lennon, Madonna oder Jim Morrison, ist stets eine Mischung aus Dichtung und Wahrheit. Nicht anders ist es bei Politikern. Besonders kompliziert wird es im Fall der großen Religionsstifter. Denn was über Buddha, Mohammed oder Moses aufgeschrieben wurde, ist von Anfang an nicht objektiv, sondern parteiisch. Die heiligen Texte der Buddhisten, Muslime und Juden wollen kein nüchterner Bericht sein, sondern die Leser begeistern, überzeugen und zur Nachahmung des Vorbildes bewegen. So lässt sich auch über Jesus keine objektive Biografie schreiben. Schon die Mütter und Väter der Bibel haben es so gesehen und gleich vier Erzählungen über ihn nebeneinander gestellt. Diese Erzählungen werden mit dem griechischen Wort »Evangelium« bezeichnet. Übersetzt heißt dies »Frohe Botschaft«. Damit wird schon im Titel deutlich, dass die Erzähler mit ihren Geschichten aus dem Leben Jesu auf eine bestimmte Wirkung zielen. Sie wollen die Seele ansprechen. Nicht Wissen vermitteln, sondern Weisheit. Nicht den Kopf bewegen, sondern das Herz.

Diese Art der Erzählung wird auch Legende genannt. Das Leben Buddhas, Mohammeds und Moses' ist weitgehend in Legenden überliefert worden. Bei Jesus ist es nicht anders. Legenden bedienen sich mit Absicht einer bildhaften Sprache, damit sie das Kind ebenso wie der Gelehrte versteht. Die Legende benutzt Bildworte. Sie bieten jedem Menschen die Möglichkeit, den Punkt aufzuspüren, der ihn angeht. Jesus hat seine Botschaft in Bildern vermittelt, und nach seinem Tod wurde seine Gestalt selbst in Bild und Erzählung verwandelt.

Deutschland ist eines der wenigen Länder auf der Welt, wo an staatlichen Schulen Religionsunterricht erteilt wird. So ist es erstaunlich, wie wenig wir und unsere Kinder trotz Religions-, Konfirmanden- und Firmunterricht über Jesus wirklich wissen. Die Fahrt nach Nijmegen ins Bibelmuseum (»Bijbels Openluchtmuseum«) ist deshalb auch eine Reise durch zweitausend Jahre Geschichte, die uns von dem Mann aus Nazaret trennen. Das Bibelmuseum gehört zu der »Stiftung Heiliges Land«, die A. Suys (1870–1941) im Jahre 1911 ins Leben rief. Pfarrer Suys ließ Bauwerke aus dem Heiligen Land errichten: ein Dörfchen etwa, eine orientalische Herberge, ein jüdisches Gotteshaus (Synagoge), den Palast des Pilatus, das hohe Gericht der Juden (Synedrium) und den Hügel Golgatha, wo Jesus zwischen zwei Verbrechern gekreuzigt worden war. Wir beginnen den Rundgang mit einer Einkehr in das Restaurant »Jerusalem«. Raus aus den Autositzen, rauf auf die Stühle! Der Speisekarte des Restaurants ist keine deutsche Übersetzung beigegeben. Das ist auch nicht nötig. Johannes, Hannah und Jaakob entziffern mühelos: »bakje frites met ketchup«, »warme chocolade«. Mutter Eleonora trinkt einen »kop koffie« und der Vater ein »Heineken bier«. Dann endlich sind alle bereit für den Besuch.

Tief ist der Brunnen der Vergangenheit, und weit zurück führt die Ausstellung. Im Geiste stehen wir vor der ältesten Stadt der Welt, Jericho, hören Trompetenschall und sehen hohe Mauern unter dem Ansturm jüdischer Einwanderer fallen. Das Vergangene ist nicht vergangen, denn noch heute fordert der uralte Streit zwischen Israelis und Palästinensern blutige Opfer. Als Moses um 1200 vor Christus das Volk Israel aus der ägyptischen Gefangenschaft in die Freiheit führte, da betrat es einen geographischen Raum, der bereits seit Jahrtausenden besiedelt war. An der Mittelmeerküste wohnten seefahrende Völker, in den Städten Gaza, Gat, Aschdod, Aschkelon und Ekron lebten die Philister (Pelischtim). Nach ihnen wurde die gesamte Landschaft Palästina benannt. Städte wie Jericho waren seit 8000 vor Christus dicht besiedelt, und außerhalb der engen Grenzen Palästinas herrschten große Könige über gewaltige Weltreiche. Ihre klangvollen Namen atmen exotischen Reichtum und militärischen Schrecken zugleich. Salmanassar III. von Assur, Sanherib und Sargon, Nebukadnezar von Babylon, Amelmarduk, Cyrus von Persien, Darius, Xerxes, Alexander der Große, Attalos von Pergamon. Ägypter, Assyrer, Babylonier, Perser, Griechen und Römer: Ihre Geschichte wird in den kommenden Jahrhunderten das Geschick des jüdischen Volkes bestimmen. Jedes dieser Völker hatte eigene Mythen und Götter. Sie hießen Baal, Aschera, Marduk und Astarte. Das Museum zeigt ihre Bildnisse in Tafeln geritzt, auf Papyrus gemalt, aus Ton geformt und in Stein gemeißelt. Geschichten von ihrem Leben, Lieben und Leiden wurden am offenen Feuer erzählt.

Von Jesus lesen wir in der Bibel. »Biblos« ist ein griechisches Wort und bedeutet »Buch«. Jahrhunderte lang haben ungezählte Autoren an ihm geschrieben und dabei auf das Erzählgut anderer Völker zurückgegriffen, denn bereits in Mesopotamien kannte man die Geschichte von der großen Wasserflut. Noah hieß dort Utnapischtim (»der überaus Gescheite«). Der Psalmendichter, der in Israel die Schöpfermacht Gottes pries, kannte den großen Sonnenhymnus des ägyptischen Pharao Echnaton. Die

Bibel ist Menschheitserbe. Welche Bibel? In Nijmegen lehrt man die Unterscheidung zwischen der christlichen Bibel mit Altem und Neuem Testament und dem jüdischen Tenach. Das christliche Alte Testament und der jüdische Tenach bestehen weitgehend aus den gleichen Grundschriften: Gesetz (Thora), Propheten (Neviim) und Schriften (Ketubim). Unterschiedlich ist die Deutung der Überlieferung nicht nur zwischen Juden, Christen und Moslems, sondern auch innerhalb der Weltreligionen. Das kann bei einem Weltbuch gar nicht anders sein.

Bald treten wir aus der Halle in den Freiluftbereich. Die Geschwister sind schon nach draußen gestürmt und fahren eine Runde mit der Museumsbahn. Eine lange Geschichte galt es zu erinnern. Ihre Spuren verzweigen sich durch die Weltgeschichte und kommen am Ende der Ausstellung in der heiligen Stadt Jerusalem wieder zusammen. Ein Modell zeigt sie im Zustand kurz vor der katastrophalen Zerstörung durch die Römer (70 nach Christus). Mit Leuchtknöpfen kann sich der Besucher orientieren: Tempelberg und Golgatha, Kidron-Tal und Beduinenzelte vor den Mauern, Teich Siloah und Palast des Herodes. Jerusalem – hier beten Juden vor den Resten der Westmauer des salomonischen Tempels (Klagemauer) um die Ankunft des Messias, hier stehen El-Aksa-Moschee und christliche Grabeskirche. In Jerusalem starb Jesus, und Mohammed sprang auf seinem Pferd Buraq von hier aus direkt in den Himmel.

Der Himmel über Nijmegen ist an diesem Tag bewölkt. Das kann die Freude der Kinder nicht trüben. Strahlend stehen sie inmitten einer Ziegenherde. Das Museumsdorf ist nämlich bewohnt. Gesang klingt aus der Synagoge, Beduinen führen Kamele durch die Straßen, Händler bieten Waren an. Nach orientalischer Sitte herrscht reges Leben auf den Dächern. Von Nazareth geht es in Richtung Tiberias. Am Wege liegt das Haus des Zöllners, eines jener

Außenseiter, zu denen sich Jesus besonders gerufen wusste. Hinter der Karawanserei erstrecken sich See und Fischerdorf. In einem großen Aquarium schwimmen Petersfische. So sieht man den Segelmacher bei der Arbeit. Fischernetze sind zum Trocknen gespannt. Es riecht nach Salz und getrockneten Fischen. Jeden Augenblick könnten Andreas und Simon Petrus, die ersten Jünger Jesu, um die Ecke kommen. Dann wird es städtisch. Über die gepflasterten Straßen Kanaas führt der Rundgang in römische, griechische und ägyptische Häuser, vorbei am Palast des Pilatus und dem jüdischen Gerichtshaus. Bettler und Händler werben um die Gunst der Gäste, und eine römische Gaststätte lädt zum Verweilen ein. Bakje frites met ketchup gibt es hier nicht, denn sie wären nicht stilecht. Dafür aber ein römisches Hackbällchen in Gemüse-Ragout, das allen vorzüglich mundet.

Nach dem Besuch von Kanaa treten wir wieder ins Freie. Beduinen haben ihre Zelte am Wegesrand aufgeschlagen. Muttertiere mit ihren Lämmern grasen auf den Weiden. Etwas weiter in Richtung Ausgang steht, halb zerfallen, eine Nachbildung des Gartens Gethsemane, wo Jesus die letzten Stunden vor seinem Martertod im Gebet verbrachte und den Zuspruch eines Engels erhielt.

Jeder Generation ist es von neuem aufgegeben, den Kindern und Jugendlichen von Jesus zu erzählen. Ich erzähle für meine Kinder und meine Schüler, für Eltern, Erzieher und Lehrer und alle Menschen, die wissen wollen, was uns Jesus heute zu sagen hat. Ich antworte auf Fragen, die mir von meinen Schülern immer wieder gestellt worden sind. Über Jahre hin habe ich sie zu Beginn des Schuljahres gebeten, die wichtigsten Fragen zum Thema »Was mich wirklich an Religion interessiert« zu notieren. Was sie und mich wirklich an Jesus interessiert, habe ich hier aufgeschrieben.

Vor bald 100 Jahren veröffentlichte Albert Schweitzer sein berühmtes Werk »Geschichte der Leben-Jesu-Forschung«. Er beschrieb darin die zahlreichen Versuche, herauszufinden, wer Jesus wirklich war. Albert Schweitzers Ergebnis lautete: »Der Jesus von Nazareth, der als Messias auftrat, die Sittlichkeit des Gottesreiches verkündete, das Himmelreich auf Erden gründete und starb, um seinem Werke die Weihe zu geben, hat nie existiert.« Das sehe ich anders. Aus den Evangelien leuchtet das Bild eines Menschen, der sich auf den Weg der Liebe begibt. Er jubelt, er weint, er isst und trinkt, er zeigt Gefühle – die Bibel ist voll lebensnaher Details, die niemand erfunden haben kann. Nacherzählen will ich die Geschichte eines großen spirituellen Lehrers und Mystikers der Liebe, nachspüren will ich seinem spirituellen Weg der Vollendung, beschreiben will ich seine Wegstationen, Begegnungen mit Menschen, seine Lehre, seine Gleichnisse und Wunder, die großen Schlüsselerlebnisse seines Lebens im Tempel, bei der Taufe, auf dem Berg Tabor, im Garten Gethsemane und das große Mysterium seiner Auferstehung. Jeder Lebensweg ist einmalig, und jeder Mensch muss seiner eigenen Berufung folgen. Das gilt auch für den Lebensweg Jesu. Und doch spiegelt sich unser Leben in seinem Leben. Er ist uns nicht nur fern und fremd, er ist uns nah wie der eigene Herzschlag. Das ideale Bild unseres Menschseins leuchtet in ihm auf. Es sind der unerschütterliche Glaube an die Macht der Liebe, der Glaube an die Kraft der Seele und die Gewissheit, dass am Ende alles gut sein wird.

1 Geburt Jesu: Mit jedem Kind erscheint am Himmel ein neuer Stern

War Jesus der Sohn einer Jungfrau?

Jede Geburt wird von einem Engel angekündigt. Wenn wir die Welt betreten, dann steht er uns zur Seite. Er sagt: Du bist gewollt. Schön, dass du da bist. Du wirst deinen Weg nicht alleine gehen. Gott liebt dich, und ich werde dir zur Seite stehen. Auch Jesu Geburt wurde von einem Engel angekündigt. Sein Name lautet Gabriel. Er ist der Engel der Geburt, der Fruchtbarkeit, der Inspiration und des Neuanfangs.

Mit jedem Kind wird die Welt neu geboren. Das gilt für die Geburt Jesu in ganz besonderer Weise. Doch unser Leben beginnt lange vor der Geburt. Das weiß heute jedes Kind. Das erste Bild im Photoalbum ist oft eine Ultraschallaufnahme. Wenn wir sie betrachten, dann stellen sich Fragen ein: Seit wann bin ich? Bin ich seit der Geburt? Bin ich ab dem dritten Monat der Schwangerschaft? Bin ich seit dem Augenblick der Zeugung? Die Reihe der Fragen kann mühelos verlängert werden: Wo war ich, bevor ich gezeugt wurde? Im Himmel? Lebte ich schon einmal auf der Erde? Ist die Geburt eine Wiedergeburt?

Die Geschichte eines Menschen kann aus verschiedenen Blickwinkeln erzählt werden. Eine Perspektive ist irdisch, die andere himmlisch. Eine erzählt von den äußeren Bedingungen unseres Lebens, die andere von den inneren Bedingtheiten. Die eine erzählt von der materiellen Seite unseres Lebens und unseren leiblichen Eltern, von dem Land, in dem wir aufwuchsen, von der Zeit und den Menschen, die uns prägten, die andere richtet den Blick auf unsere Seele und den Vater im Himmel. Jesus war die Geschichte der Seele wichtiger als alle familiären Bande und Bindungen.

Engel sind Boten Gottes. Sie sind die unsichtbaren Begleiter auf unserer Reise durch das Leben. Unsere Seele ist ihrem Schutz anvertraut. Sie begleiten die Seele auch auf ihrem ersten Weg in den Mutterleib, wo sie in dem sich bildenden Leib eine Zeit wohnen wird. Gabriel kündigt die Inkarnation Jesu an. Der Ort ist die kleine Stadt Nazaret in Galiläa. Diese liegt weit entfernt von der Hauptstadt Jerusalem und gilt als tiefste Provinz. Die Begegnung zwischen Gabriel und Maria ist so oft gemalt worden, dass ein Blick in die Bibel geradezu ernüchternd wirkt: Wir erfahren nichts über die äußere Gestalt des Engels. Kein Heiligenschein, kein langes blond gelocktes Haar, kein prachtvolles Gewand. Nicht einmal von Flügeln ist die Rede. In den Legenden der Muslime hat Gabriel die Gestalt einer Frau. Als die Mutter des Propheten Mohammed kurz nach der Geburt stirbt, tritt er an ihre Stelle und säugt das Kind. Ist der Engel der Geburt in der Bibel ein Mann oder eine Frau? Wir erfahren es nicht.

Auch über Maria sind die Informationen spärlich. Auf Bildern sehen wir sie in blauen und roten Samt gekleidet, über ein Buch gebeugt, eine Lilie in der Hand. Nichts dergleichen findet sich in der Bibel. All das ist spätere Ausschmückung und Deutung des Ereignisses, das sich ganz auf der unsichtbaren Ebene im Innenraum des Herzens vollzog.

Der Name Maria gehört noch immer zu den beliebtesten weiblichen Vornamen. Das war zur Zeit der Geburt Jesu nicht anders. Im Hebräischen lautet er Miriam. Maria war zwischen zwölf und vierzehn Jahren alt, als sie schwanger wurde. Nach orientalischem Brauch war sie früh verlobt worden. Ihr Verlobter hieß Josef und übte den Beruf des Zimmermanns aus. Selbstverständlich lebte Maria vor der Eheschließung noch in ihrem Elternhaus. Hier fand wohl die Begegnung mit Gabriel statt. Das Haus wird aus einem Raum bestanden haben. Eine Kochstelle, Sitzkissen, die abends auch als Schlafstätte dienten, vor dem Haus zwei Ziegen – ein Haus, wie jedes andere in Nazaret. Keine Toilette, kein fließendes Wasser, keine Heizung. Wenn Maria auf die Straße trat, dann bedeckte sie wie alle jungen Frauen ihre Haare mit einem Kopftuch oder Schleier.

Wenn Engel erscheinen, dann sind wir mit ihnen allein. Denn was sie zu sagen haben, geht nur uns etwas an. Engel sprechen Worte des Herzens. Wir können sie annehmen oder verwerfen. Einen dritten Weg gibt es nicht. Gabriel suchte Maria in ihrem Elternhaus auf. Ob Vater, Mutter oder Geschwister anwesend waren, wird nicht berichtet. Ob es Tag oder Nacht war, bleibt ungesagt. All das ist unwichtig, wenn der Engel der Geburt kommt. Maria spürt ihn im innersten Herzensraum und erschrickt. Der Engel bittet nicht und fragt nicht. Er teilt mit, was kommen wird. Auch den Namen des Kindes gibt er vor: Jesus. Das ist die griechische Form des alten hebräischen Namens Jeschua oder Joschua. Er bedeutet »Gott ist Hilfe«. Maria soll den Sohn Gottes empfangen. Was aber ist ein »Sohn Gottes«? Eine bildhafte Redewendung für die Liebe, die in allen Kindern Gottes wohnt? In der griechischen Mythologie gibt es Götter in Menschen- oder Tiergestalt, die mit Frauen Kinder zeugen, Halbgötter wie Herakles oder Perseus. Die jüdische Mythologie kennt Dämonen, die auf die Erde kommen und mit den Frauen Kinder von riesenhafter Größe zeugen. Doch Marias Gott hat keine Söhne im leiblichen Sinn. Auch wäre die

Vorstellung völlig abwegig, er habe in der Gestalt eines Menschen mit Maria das Kind Jesus gezeugt. Als sie die Botschaft des Engels vernimmt, denkt Maria nicht einen Augenblick in diese Richtung. Sie bezieht die Worte des Engels eben auf Josef. Sie hat keinen vorehelichen Geschlechtsverkehr mit ihm gehabt. Wie soll sie da den Sohn Gottes empfangen? Der Engel spricht vom Heiligen Geist und der Kraft des Höchsten und dass bei Gott kein Ding unmöglich sei. Das ist keine Erklärung nach Menschensinn. Da gibt es nichts zu verstehen. Da gibt es nur Abwehr oder Annahme. Maria nimmt die Botschaft an und ist von diesem Moment an mit Jesus schwanger.

Später ist über die jungfräuliche Empfängnis viel gerätselt und gestritten worden. Kirchenväter stellten die Lehre auf, Maria sei nicht nur vor, sondern auch während und nach der Geburt Jesu Jungfrau gewesen. Juden verunglimpften Maria als Hure, die auf böse Weise die Frucht ihres Fehltritts legitimieren wollte. In jüdischen Texten aus den ersten nachchristlichen Jahrhunderten wird Jesus als Sohn einer Prostituierten bezeichnet. Im Talmud ist er der uneheliche Sohn der Mirjam. Seine Mutter habe den als anstößig geltenden Beruf der Haarflechterin ausgeübt. In dem jüdischen Volksbuch Toldoth Jeschu wird von Mirjam und ihrem Verlobten Jochanan erzählt. Während er fromm und gottesfürchtig lebt, gibt sie sich voller Lüsternheit einem Freund ihres Verlobten mit Namen Josef hin. Da sie den Verkehr während der Menstruation ausübt, begeht sie einen doppelten Tabubruch. Die Folgen zeigen sich in einer weiteren Entsittlichung: »Von da an gab sie sich ihm und jedem, der ihr anhing, preis wie eine der törichten Huren zu allen Zeiten und an allen Ecken.« Als sie schwanger wurde, ließ sie »ein Gerücht ausgehen, als hätte sie einen Sohn ohne männliche Beiwohnung geboren«.

Dann versuchte man die Rede von der schwangeren

Jungfrau auf einen Übersetzungsfehler aus dem Buch des Propheten Jesaja – Jesaja 7.14 »Siehe, eine Jungfrau wird empfangen und einen Sohn gebären, den wird sie heißen Immanuel (Gott mit uns)« – zurückzuführen. Statt »Jungfrau«, wie in der lateinischen Übersetzung (Vulgata), sollte im hebräischen Original ursprünglich »junge Frau« gestanden haben. Andere wiederum wollten das Anstößige an der Jungfrauengeburt durch einen Vergleich mit anderen Religionen mindern. Schließlich gehört es zur Biografie vieler Gottessöhne und -töchter, dass sie auf wunderbare Weise zur Welt kommen. Die Theologen des Mittelalters suchten Zuflucht bei Vergleichen und Gleichnissen. Im Physiologus, dem »Biologiebuch« des Mittelalters, fanden sie die Beschreibung von zwei Tieren, deren vermeintliches Verhalten sie auf die wunderbare Geburt Jesu bezogen.

Da war zuerst die Rede von der Muschel. Ihr Lebensraum ist das tiefe Meer. Muscheln können bekanntlich Perlen bilden. Wenn ein Sandkorn in die Muschel dringt, dann wird es vom weichen Fleisch umschlossen und in einem langen Wachstumsprozess zu einer Perle geformt. Im Mittelalter dagegen wurde die Entstehung der Perle anders erklärt: Wenn ein Tautropfen vom Himmel in das Meer fällt, dann öffnet die Muschel ihre Schalen, nimmt den Tautropfen in sich auf und bildet aus ihm die Perle. Dieses Bild einer Hochzeit von Himmel und Erde übertrug man auf Maria. Ihr Schoß war die Muschel, in der Jesus zur Perle gebildet wurde.

Eine zweite Geschichte aus dem Physiologus erzählte von dem Einhorn. Dieses Fabelwesen glich einem Pferd, trug aber auf der Stirn ein langes Horn und den Karfunkelstein, der in der Nacht rot leuchtete. Das Einhorn galt als wild und scheu. Keinem Jäger war es jemals gelungen, das Einhorn einzufangen. Doch in der Gegenwart einer Jungfrau wurde es zahm wie ein Hund und bettete sein

Haupt ruhig in ihren Schoß. Auch diese Geschichte wurde auf Maria übertragen: Auf vielen Bildern ist der Augenblick der jungfräulichen Empfängnis durch ein Einhorn dargestellt. Auf dem Hochaltar der Dominikanerkirche in Colmar von Martin Schongauer (1450–1491) sitzt Maria in einem Paradiesgarten mit einem Einhorn in ihrem Schoß. Ein weiteres beliebtes Bild für die jungfräuliche Empfängnis war der Vergleich mit einer Glasscheibe. Wie das Licht der Sonne durch das Fenster in das Zimmer dringt, ohne die Glasscheibe zu zerstören, so kam auch Gottes Sohn in den Schoß der Jungfrau, ohne das Hymen zu verletzten.

Dass Jesus von der Jungfrau Maria geboren wurde, gehört bis heute zu den Kernaussagen des Glaubensbekenntnisses. Wir haben gesehen: Jede Geschichte von der Geburt Jesu ist immer schon Deutung. In der Bibel ist es nicht anders. Wir können uns ihren Texten und Bildern naiv nähern und sie wörtlich nehmen. Wir können sie aus dem Geist der Aufklärung und der Vernunft hinterfragen. Oder wir können sie mit spirituellem Spürsinn betrachten und lauschen, was sie uns in Wort und Bild zu sagen haben. Es gibt nicht nur eine Wahrheit. Dem Geheimnis eines Menschen können wir uns aus verschiedenen Blickwinkeln nähern. Deshalb erscheint das Bild Jesu von Anfang an multiperspektivisch. Nur Lukas erzählt von der Begegnung zwischen Gabriel und Maria. Seine Geburtsgeschichte wurde die bekannteste und beliebteste. Auf vielen Bildern wurde Lukas als Maler dargestellt, wie er gerade ein Portrait von Maria entwirft.

Ein Bild ist keine Fotografie, sondern der Versuch einer Annäherung an das Geheimnis eines Menschen. Die Evangelisten haben mit ihren Worten Bilder von Jesus gemalt. Nicht anders machen auch wir es, wenn wir von unseren Freunden und Verwandten erzählen. Anschaulicher und aufschlussreicher als jede Beschreibung eines Charakters ist eine gute Geschichte, eine Anekdote, ein Ausspruch. Im Bild ist das Geheimnis eines Menschen gegenwärtig. Es wird offenbar, ohne doch vollständig enthüllt werden zu können. So hält es uns in spiritueller Bewegung. Bilder ohne Geheimnis sind zu Abbildern und Götzen geworden. Echte Bilder dagegen halten uns in Bewegung. Lukas hat von der Ankündigung der Geburt Jesu ein Bild in Worten gemalt, das uns immer wieder neu anspricht. Die Zeit, in der ich Anfang der Siebziger Jahre in Münster Theologie studierte, suchte die objektive Wahrheit über Jesus hinter den Bildern. Für sie war die Geburtsgeschichte eine fromme Erfindung. Von Jesus blieben einige Sprüche übrig. Inzwischen haben wir uns wieder den alten Bildern auf neue Weise genähert. Wir spüren ihren Zauber und ahnen das Geheimnis, von dem sie sprechen. Jesus gibt es nicht hinter den Bildern, sondern nur in ihnen. Mit dem Geheimnis unserer eigenen Natur ist es nicht anders. Wer uns begegnen möchte, der muss sich auf uns einlassen und jeder Faser unseres Wesens nachspüren.

Brachte Maria ihr Kind ohne ärztliche Hilfe zur Welt?

Wenn man Kinder auffordert, ein Bild von der Geburt Jesu zu malen, dann zeichnen sie Ochs und Esel an der Krippe, Maria und Josef, die Heiligen Drei Könige und den Stern von Betlehem, dazu Engel, Hirten und Schafe. Vielleicht stellen sie einen Tannenbaum neben den Stall. Unser inneres Bild von der Geburt Jesu ist eine Collage von biblischen Erzählungen, frommen Deutungen und lieb gewordenen Bräuchen. Am Heiligen Abend erklingt Franz Grubers Weihnachtslied »Stille Nacht«. Vielleicht besucht die Familie nach altem Brauch eine Mitternachtsmesse, vielleicht wird der Klassiker vor der Bescherung unter dem Tannenbaum gesungen oder erklingt in englischer Übersetzung vom CD-Player: Niemand kann sich der Wirkung dieses Liedes entziehen, obwohl Jesus mit Sicherheit nicht ein »holder Knabe im lockigen Haar« war. Ist deshalb das berühmte Lied eine Lüge, und vergießen wir die Tränen der Rührung zu Unrecht? Wohl kaum.

Doch gibt es Religionslehrer, die mit hohem pädagogischen Eifer versuchen, ihren Schülern jede romantische Vorstellung von der Geburt Jesu auszutreiben. Wie gehen sie dabei vor? Sie lassen ihre Schüler das Lukasevangelium aufschlagen. Da steht nichts von Ochs und Esel und nichts von den Heiligen Drei Königen. Die Weisen aus dem Morgenland kennt nur der Evangelist Matthäus, und Ochs und Esel werden erst durch den Heiligen Franz von Assisi an die Krippe gestellt. Viele Kinder machen mit Begeisterung beim weihnachtlichen Krippenspiel mit. Am liebsten übernehmen sie die Rolle eines Engels. Doch noch immer gibt es Pfarrer, die stolz darauf sind, in ihrer Gemeinde ein Flügelverbot durchgesetzt zu haben.

Hatte der Heilige Franz gelogen und bewusst eine Geschichtsfälschung begangen, als er im Wald von Gubbio das erste Krippenspiel erfand? Gewiss nicht. Er hat getan, was alle Menschen tun, die sich dem Geheimnis der Geburt Jesu mit ganzer Seele öffnen: Er wollte die Gegenwart des göttlichen Kindes spüren, er wollte bei seiner Geburt dabei sein, er wollte an der Krippe Jesu stehen, er wollte, dass Jesus auch in der Krippe seines Herzens geboren werde. Und er ergänzte das Bild, das Lukas mit seiner Erzählung von der Geburt Jesu in der Krippe des Stalles von Betlehem geschaffen hatte, durch Ochs und Esel. Von diesen treuen Tieren hatte der Prophet Jesaja gesprochen. Bei den Kirchenvätern galten sie als Symbol für das Judentum (Ochs) und das Heidentum (Esel). Franz von Assisi verfälschte nicht die heilige Überlieferung, sondern er füllte die Lücke, die Lukas offen gelassen hatte. Denn Lukas zeigt eine Welt in Bewegung, die auch unser Herz bewegen soll. Kaum war Maria schwanger geworden, da machte sie sich auf den Weg zu ihrer Verwandten Elisabeth. In diese Bewegung wird anschließend der ganze Erdkreis einbezogen. Eine Volkszählung fordert von jedem Bewohner Palästinas, dass er sich in der Vaterstadt in Listen einträgt. So machen sich Maria und Josef auf den Weg in Richtung Süden nach Betlehem. In diese räumliche Bewegung treten nun auch die Engel ein. Himmlische Heerscharen bewegen sich vom Himmel auf die Erde und kündigen den Hirten auf dem Feld die Geburt Jesu an. Sie wiederum machen sich auf den Weg zur Krippe. Das Geburtsbild des Lukas zeigt die gesamte Welt, die sichtbare der Menschen und die unsichtbare der Engel, in Bewegung. Am Ende seiner Erzählung von der Geburt Jesu richtet sich der Blick auf Maria. Engel und Menschen waren zur Begrüßung des neuen Erdenbürgers gekommen. Wie bei jeder Geburt gab es Glückwünsche und gute Worte. Am Ende ist die Wöchnerin allein mit dem Kind. In ihr hallen die Worte und Glückwünsche der Besucher nach. »Maria aber behielt alle diese Worte und bewegte sie in ihrem Herzen.« (Lukas 2.19) Die äußere Bewegung ist in eine innere Bewegtheit überführt worden. Diese will auch den Leser ergreifen. Die Geburt des Kindes will uns bewegen, beweglicher machen, Kraft, Hoffnung und Mut zu neuem Aufbruch schenken. In jeder Geburt wird uns dieser Neuanfang geschenkt. Unser Leben ist offen. Niemand weiß, was die Zukunft bringen wird und wie wir uns entwickeln werden. Und dennoch sind mit jeder Geburt auch Erwartungen verknüpft. Jeder Mensch hat das Recht auf sein eigenes Leben. Er ist frei. Und dennoch ist jeder von uns auch eingebunden. Sprache, Familie, Gesellschaft prägen uns und hinterlassen in unserer Seele Spuren. Die Botschaft des Engels Gabriel hatte zwei Erwartungen formuliert, die sich später mit dem Namen Jesu verbinden sollten: Jesus war der Sohn Gottes und zugleich der Sohn Davids. Der Sohn Gottes wurde von einer Jungfrau geboren, der Sohn Davids hatte Josef als natürlichen Vater, denn Josef galt als ferner Nachfahre des großen Königs. Sohn Davids und Sohn der Jungfrau, das ist eines der vielen Paradoxe, in denen das Leben Jesu zur Sprache kommt. Paradoxe gehören zur Sprache der Religionen. Das Paradox ist aus der Sicht der Logik ein Widerspruch. In der meditativen Betrachtung aber kann es gelöst werden.

Der Sohn Gottes konnte überall zur Welt kommen, der Sohn Davids nur in der Stadt Betlehem, der Stadt Davids, aus der auch Josef stammte. Der Evangelist Matthäus erzählt von den astrologischen Zusammenhängen, in die Jesu Geburt eingebettet wurde. Weise kamen aus dem Morgenland nach Betlehem. Sie hatten seinen Stern am Himmel gesehen und waren ihm gefolgt. Astronomen haben Kometenbewegungen zur Zeit der Geburt Jesu nachgewiesen. Johannes Kepler (1571–1630) führte die Erscheinung am Himmel auf eine Konjunktion der Planeten Jupiter und Saturn im Sternbild der Fische zurück und datierte die Geburt Jesu auf das Jahr 7 vor Christus. Doch darauf kommt es nicht an, denn mit jedem Kind erscheint ein neuer Stern am Himmel und zeichnet neue Schicksalsbahnen. Die sternenkundigen Magier aus Persien weisen einen meditativen Weg der Annäherung an das Geheimnis der Geburt des göttlichen Kindes. Er besteht aus drei Schritten:

1. Sie achten auf die Zeichen Gottes.
2. Sie setzen sich in Bewegung und,
3. am Ziel angekommen, knien sie anbetend nieder.

Ihre Geschenke sind Gold, Weihrauch und Myrrhe. Auch unser Bild von den Heiligen Drei Königen ist entscheidend durch die Tradition geprägt worden. Ihren Gaben entnahm man einen symbolischen Sinn: Das Gold wurde als Anspielung auf die Königswürde Jesu gedeutet, der Weihrauch als Zeichen der Verherrlichung und die Myrrhe, ein Duftöl, mit dem Tote einbalsamiert wurden, als geheimer Hinweis auf den Opfertod Jesu. Die Reliquien der drei Weisen aus dem Morgenland wurden seit dem vierten Jahrhundert verehrt. Man glaubte, Kaiserin Helena, die Mutter Konstantins des Großen, habe sie am 14. September 320 in Jerusalem zusammen mit dem Kreuz Christi aufgefunden. Über Konstantinopel wurden sie nach Mailand gebracht. Kaiser Friedrich Barbarossa schenkte sie Rainald von Dassel, dem Erzbischof von Mainz. Am 23. Juli 1164 fanden die Gebeine der drei Magier aus dem Morgenland ihre letzte Ruhestätte in Köln. Über ihnen wurde der Kölner Dom als Stätte der Verehrung errichtet. In der Bibel bleiben die drei Könige namenlos. Auch diese Lücke wurde später geschlossen. Seit dem neunten Jahrhundert gab man den Sternenkundigen die Namen Caspar aus Tharsis, Melchior aus Nubien und Balthasar aus Godolien. Die drei Könige waren weniger Personen als Symbole. Sie standen für die damals bekannten drei Erdteile Asien, Afrika und Europa, für die drei Lebensalter Kindheit, Jugend, Erwachsener und nicht zuletzt für die drei Dimensionen der menschlichen Natur: Körper, Geist und Seele. So hat sie der Steinmetz Giselbertus in der romanischen Kathedrale von Autun auf einem Kapitell wunderbar ins Bild gesetzt.

Wer war also bei der Geburt Jesu dabei? Könige und Hirten, Ochs, Esel und Schäfchen – die Reihe will fortgesetzt und ergänzt werden. Geburts- und Kindheitsgeschichten Jesu sind uns von Lukas und Matthäus überliefert worden. Doch gab es auch andere Evangelien, die weitere Lücken der Erzählung schlossen. Auch verlegten sie den Ort der Geburt vom Stall in eine Höhle, wie wir sie heute noch auf den Geburtsbildern der griechisch- und russisch–orthodoxen Kirche (Ikonen) dargestellt finden. Auch dies geschah nicht ohne spirituellen Hintersinn. Denn wie die Muschel, so ist auch die Höhle ein Symbol für den Mutterschoß. Diese Geheimschriften oder so genannten Apokryphen wurden von den Kirchenvätern nicht in die offizielle Bibel aufgenommen. Sie waren vielleicht gerade deshalb sehr beliebt. Eines dieser Evangelien gab die Antwort auf eine nahe liegende Frage: Hatte Maria im Stall oder in der Geburtshöhle zu Betlehem ihr Kind allein zur Welt gebracht, oder stand ihr eine Hebamme bei?

Das Jakobusevangelium berichtet ausführlich von den Diensten einer Hebamme in der Geburtshöhle. Als sie nach verrichteter Arbeit die Höhle verließ, begegnete ihr eine zweite Hebamme mit Namen Salome, der sie das Wunder der jungfräulichen Geburt mitteilte. Wie später der ungläubige Thomas, so zweifelt jetzt die Geburtshelferin. Jungfrau und Mutter – das sei undenkbar. Erst wenn sie Maria gynäkologisch untersucht habe, werde sie das Wunder glauben. Doch kaum hatte Salome mit der Untersuchung begonnen, da brannten ihre Finger wie Feuer. Erst als sie, dem Rat eines Engels folgend, mit ihren Fingern das Jesuskind berührt, verschwinden die Schmerzen wieder. Maria war auch nach der Geburt noch Jungfrau, das sollte durch Salome bezeugt werden. Auf zahlreichen Bildern des Mittelalters ist diese beliebte Erzählung dargestellt worden. Der Hildesheimer Künstler Bernward hat die Szene in dem Bilderzyklus seiner berühmten Bronzetür aus dem Jahr 1010 verewigt.

Kann man durch Küssen schwanger werden?

War Jesus ein Einzelkind? Oder hatte er Geschwister? Wie war die Beziehung zu seinen Eltern? Kümmerten sich seine Großeltern um ihn? Wuchs er nach orientalischer Sitte im Schoß einer Großfamilie auf? Diese Fragen liegen nahe, denn jeder Mensch wird in eine Familie hinein geboren. Schon die Haar- oder Augenfarbe, die Nase oder die Art zu lächeln lassen verwandtschaftliche Beziehungen erkennen. Jesus war der Sohn Gottes, aber er war auch das Kind einer Frau. Neun Monate war Maria mit Jesus schwanger gegangen. Wie jedes Kind auf dieser Welt kannte er bereits vor der Geburt die Stimme seiner Mutter. Ihre Sprache war eine hebräische Mundart, das Aramäische. Sie wurde in Galiläa gesprochen, einer Region, die aus der Blickrichtung Jerusalems als tiefe Provinz galt. Wer Aramäisch sprach, fiel in anderen Provinzen auf, so wie ein Sachse oder Bayer überall in Deutschland auf Grund seines Dialekts erkannt wird. Das Aramäische sollte auch Jesu Muttersprache werden. An ihr wurde er zeitlebens als Mann aus Galiläa erkannt und gelegentlich auch verspottet. Fremdsprachenkenntnisse besaß Jesus nicht. Er beherrschte keine der großen Weltsprachen – weder Griechisch, Latein, noch Persisch oder Arabisch.

Was hatte er von Gott geerbt, was war das Erbe seiner Mutter? Wie reagierten die Verwandten, und wie reagierte Josef auf die wunderbare Geburt? Die mittelalterliche Bronzetür in Hildesheim zeigt einen ratlosen Josef. Er sitzt am Bett der Wöchnerin und hat den Kopf auf den Arm gestützt. Als er von der Schwangerschaft seiner Verlobten erfuhr, wollte er sie heimlich verlassen. Davon berichtet Matthäus in seinem Evangelium: Dem wunderbaren Eingreifen eines Engels sei es zu verdanken, dass Josef nicht flüchtet, sondern standhält. Er hört die Stimme seines Engels im Traum. Sie sagt: Verlasse Maria nicht. Alles hat seine Richtigkeit!

Dass Jesus der Sohn von Maria und Josef war, steht außer Frage. Wenn Josef nicht als leiblicher Vater Jesu gelten darf, so war er doch mit Sicherheit sein Adoptivvater. Darauf könnte auch sein Name hindeuten. Der bedeutet »Gott fügt hinzu«.

Josef übte den Beruf des Zimmermanns aus. Ein Zimmermann ist kein Möbeltischler, der in heimischer Werkstatt arbeitet und die Mittagsmahlzeit mit Frau und Kindern einnimmt. Wir müssen uns also davor hüten, das Bild eines mittelständischen Unternehmers unserer Tage auf die heilige Familie zu projizieren. Der Zimmermann Josef ist unterwegs auf den Baustellen, überall dort, wo Balken als Stütze für ein Flachdach gezimmert werden müssen. Der Vater Jesu wird also wenig zu Hause gewesen sein.

Kompliziert, wenn nicht gar undurchdringlich zeigen sich die weiteren Verwandtschaftsverhältnisse. Kümmerten sich die Großeltern um ihn? Besuchte er sie zuweilen? Eins ist gewiss: Jesus hatte Geschwister. Vier Brüder werden namentlich bekannt: Jakobus, Josef, Simon und Judas. Von seinen Schwestern ist an gleicher Stelle die Rede, doch bleiben ihre Namen ungenannt (Matthäus 13.55). Die Tatsache, dass in der Bibel Geschwister Jesu erwähnt werden, wurde gern als Beweis gegen die Glaubwürdigkeit der jungfräulichen Geburt herangezogen. Doch muss hier kein Widerspruch vorliegen. Warum soll die Jungfrau Maria später nicht Kinder auf ganz normalem Wege empfangen und geboren haben? Denkbar wäre auch, dass Jakobus, Josef, Simon, Judas und die Schwestern die leiblichen Kinder Josefs aus erster Ehe, also Halbgeschwister Jesu gewesen sind. Die Berichte der vier Evangelisten lassen auch hier Lücken offen, die durch andere Evangelien geschlossen werden.

Jedes Kind hat Großeltern. So auch Jesus. Wer aber waren die Eltern Marias, und wie lauteten die Namen der Eltern Josefs? In den Evangelien erfahren wir über die Großeltern Jesu mütterlicherseits nichts. Der Stammbaum der väterlichen Linie ist dagegen lückenlos, doch leider nicht frei von Widersprüchen. Bei Matthäus heißt der Großvater Jesu Jakob, bei Lukas dagegen Eli. Welcher Name ist richtig? Matthäus führt den Stammbaum Jesu von Josef bis zu Abraham zurück, Lukas dagegen von Josef bis zu Adam. Beide zeichnen keine natürliche Erblinie , sondern eine Art spirituellen Stammbaum. Abraham galt als Vater des jüdischen Glaubens, Jesus wurde zum Vater des christlichen Glaubens. Der erste Adam lebte im Paradies und verlor diesen Lebensraum durch seinen Ungehorsam. Jesus, der zweite Adam, zeigte den Weg zurück ins Paradies. Sein Kreuz soll daher aus dem Baum des Lebens gezimmert worden sein, der einst in der Mitte des Paradieses gestanden hatte. Und es wurde genau an der Stelle errichtet, an der Adam einst begraben wurde.

Liegt die Familiengeschichte der väterlichen Linie völlig im Dunkeln, so wurde über die Kindheit der Mutter Jesu ein ganzes Buch geschrieben. Als sein Verfasser gilt Jesu Halbbruder Jakobus. Nach ihm wird es Jakobusevangelium genannt. Ob es tatsächlich erst um 150 nach Christus entstanden ist, wie heute behauptet wird, hat die Menschen über Jahrhunderte nicht interessiert. Was Jakobus über Maria und die Großeltern Jesu aufgeschrieben hatte, beeinflusste das Bild von der »Heiligen Sippe« entscheidend. Auf Tausenden von Wandteppichen, Holz- und Kupferstichen, auf Tafelbildern und durch Skulpturen sind Jesus, Maria und die Großmutter Anna dargestellt worden. So etwa auf Leonardo da Vincis (1452–1519) Gemälde »Anna Selbdritt«, das heute im Louvre zu sehen ist. Mit »Anna Selbdritt« wird die aus Großmutter, Mutter und Enkelkind bestehende Kernfamilie bezeichnet.

Sie repräsentieren zugleich drei Generationen in Folge und damit ein Familienideal. Annas Ehrentitel lautet »Heilige Großmutter Christi«. Sie ist die »Queen Mum« der Heiligen Sippe. Als Schutzpatronin der Bergleute, die in Thüringen und im Erzgebirge (Annaberg) Silber und Erze abbauten, wurde sie über Jahrhunderte verehrt. Als Martin Luther, der Sohn eines Bergmanns war, auf freiem Feld von einem Gewitter überrascht wurde, suchte er durch ein Stoßgebet Zuflucht bei der Großmutter Jesu und versprach, er werde in ein Kloster eintreten und Mönch werden, wenn ihn die Heilige Anna vor den tödlichen Blitzen schützte.

Annas Mann, der Großvater Jesu, hieß Joachim. Er war ein frommer und wohlhabender Viehzüchter und zog als Halbnomade den größten Teil des Jahres durch die Gegend. Kinderlosigkeit galt in der damaligen Zeit als ein Makel. Sara und Rahel litten unter ihr, wie auch Elisabeth, die später Mutter Johannes des Täufers wurde. Wenn Joachim zum Tempel nach Jerusalem zog, um ein Opfer zu bringen, wie es frommer Brauch der Zeit war, so erlebte er immer wieder Ausgrenzungen. Die Priester lehnten das Opfer eines kinderlosen Mannes ab. Dass Joachim und Anna dennoch Eltern wurden, galt als ein Wunder. Unter der goldenen Pforte des Tempels von Jerusalem, so wurde erzählt, habe Joachim seine Frau geküsst. Daraufhin sei Anna vom Heiligen Geist schwanger geworden. Diese »Kussschwängerung« verlängert die jungfräuliche Empfängnis Marias bis in die Großelterngeneration. Ihre Absicht war gewiss ehrenwert, ihre Folgen dagegen durchaus nicht, glaubten doch unaufgeklärte katholische Mädchen noch bis in die Mitte des 20. Jahrhunderts hinein, dass sie von einem Kuss schwanger werden könnten. Jakobus, der diese Familiengeschichte Jesu aufschrieb, wollte vor allen Dingen Maria und ihre Mutter in den Himmel heben. Deshalb ließ er die Mutter Jesu nicht nur auf wunderbare

Weise zur Welt kommen, sondern sprach sie von aller Sünde frei. Maria, so lehrt die katholische Kirche bis heute, sei ohne den Makel der Erbsünde von ihrer Mutter Anna empfangen worden. Dieser Tag wird als Fest der unbefleckten Empfängnis am 8. Dezember gefeiert. Der 8. September gilt in der katholischen Kirche als Marias Geburtstag.

Nach dem Bericht des Jakobus hatten die Eltern gelobt, das kleine Mädchen dem Tempeldienst zu weihen. Maria sollte also mit dem dritten Lebensjahr der Erziehung durch die Priester übergeben werden. Ähnliche Bräuche sind bis heute in buddhistischen Klöstern üblich. Während aber die buddhistische Nonne ihr Leben lang im Kloster verweilen darf, so lebte Maria in einer Art Kloster auf Zeit. Im Alter von zwölf Jahren und mit dem Beginn der Menarche musste sie den Tempel verlassen. So sahen es die Reinheitsgesetze vor. Als ehemalige Tempeljungfrau war Maria auch nach ihrer Entlassung aus dem Dienst zu einem zölibatären Leben verpflichtet. Die »Altersversorgung« der Tempeljungfrauen wurde durch eine Eheschließung mit einem wesentlich älteren Mann und Witwer gesichert, der in der Regel keine sexuellen Absichten mehr hatte. Josef gehörte zu den alten Männern, die von den Priestern in die nähere Auswahl gezogen wurden. Die Wahl wurde durch ein Orakel bestimmt. Es war der legendäre Stab-Test des Priesters Aaron. Dieser Stab war das erste Mal nach einem Aufstand gegen Mose und seinen Bruder Aaron zum Einsatz gekommen (4. Mose 17,16– 24). Die Vertreter der rebellischen Gruppen bekamen jeder einen Stab aus dem Holz des Mandelbaumes gereicht. Moses sammelte sie anschließend ein und legte sie gemeinsam mit Aarons Stab vor die beiden Tafeln mit den zehn Geboten. Da fing Aarons Stab zu blühen an und trug sogar frische Mandelfrüchte. Dieses Gottesurteil hatte Schule gemacht. Josef und den anderen Witwern wurden ebenfalls Stäbe gereicht. Der Priester sammelte sie anschließend wieder ein und trug sie in den heiligsten Bezirk des Tempels vor die Tafeln mit den zehn Geboten. Hier wurde Josef zum Ehemann der Tempeljungfrau durch ein Wunder bestimmt. Aus seinem Stab flog eine Taube. Das Zeichen galt als eindeutig.

Wie alt Josef war, erfahren wir nicht. Die Schätzungen gehen von 90 bis zu 20 Jahren. Während man Josef zuerst ein hohes Alter zusprach, um die Unmöglichkeit seiner Vaterschaft zu betonen, wurde er im Mittelalter immer jünger gemacht. Denn die »Josefsehe« konnte als keusches Vorbild nur bei einem Mann gelten, der noch voll zeugungsfähig und -willig war. Josef wurde zum Urbild einer freiwilligen sexuellen Enthaltsamkeit. Da passte ein Greis einfach nicht ins Bild. So wurde sein Alter zwischen 50 und 28 Jahren angegeben.

Maria verließ also den Tempel, zog aber nicht in ihr Elternhaus zurück, sondern in das Haus des keuschen Witwers Josef. Das Jakobusevangelium verlagert die Begegnung zwischen Maria und dem Engel Gabriel hierher. Und es schildert auch das Entsetzen Josefs: »Woher ist, was du in deinem Leib trägst?« Die Schwangerschaft lässt sich nicht lange verheimlichen und wird auch bald zum Politikum. Eine ehemalige Tempeljungfrau ist geschwängert worden! Und das ist so skandalös, wie es heute die Schwangerschaft einer Nonne wäre. Der Fall wird also vor den obersten Priester gebracht, und der Verdacht geht eindeutig gegen Josef. Der weiß sich ebenso wie Maria als unschuldig und unterwirft sich einem weiteren Orakel, das zur Ermittlung von Ehebrecherinnen seit Jahrhunderten in Gebrauch war. Es wurde Eifersuchtsgesetz (4. Mose 5,12–31) genannt. Wenn ein Mann den Verdacht hatte, seine Frau sei fremd gegangen, so konnte er einen Priester zur Ermittlung der Wahrheit heranziehen. Dieser bediente sich magischer Mittel, schrieb Flüche auf einen

Zettel, wusch diese in einem bitter schmeckenden Wasser und gab der vermeintlichen Ehebrecherin das heilige Wasser zu trinken. War sie unschuldig, so überstand sie das magische Ritual ohne Schaden. War sie aber schuldig, so reagierte ihr Körper mit argen Bauchschmerzen. Diese zweifelhafte Probe wurde auch bei Maria und Josef angewendet. Beide tranken nacheinander das heilige Wasser und reagierten beschwerdefrei. Damit war ihr untadeliger Ruf wieder hergestellt.

Mögen die Kindheitsgeschichten weitgehend Legende sein, sie zeichnen doch ein Stimmungsbild von der Zeit, in der Jesus aufwuchs. Fragen der Reinheit und Unreinheit werden seine Auseinandersetzung mit den religiösen Führern des Landes bestimmen. Und wie alt Josef auch immer gewesen sein mag: Der irdische Vater und eine leibliche Vaterbindung werden für Jesus keine Rolle spielen. Überhaupt ist die Generation der Väter in diesen Kindheitserzählungen auffallend schwach gezeichnet: Ob Joachim oder Josef – ihr Bild tritt hinter das der Frauen stark zurück. Jesus war durch seine Mutter und vielleicht auch seine Großmutter entscheidend geprägt worden. Vielleicht liebten ihn deshalb die Frauen besonders und hielten ihm die Treue. Keiner der männlichen Jünger wird unter dem Kreuz stehen. Dafür aber Frauen. Einige sind namentlich bekannt: seine Mutter Maria, Maria von Magdala und Maria, die Frau des Klopas (Johannes 19.25). Die letztgenannte Maria galt als eine der zahlreichen Tanten Jesu. Sie war eine Halbschwester seiner Mutter Maria. Denn Anna, so hieß es, hatte nach dem frühen Tod ihres ersten Mannes Joachim ein zweites Mal geheiratet. Ihr zweiter Ehemann hieß Klopas.

2 Kindheit und Jugendzeit: In der Liebe der Mutter wuchs er auf

Wann wurde Jesus geboren?

Kurz vor dem Jahreswechsel 1999/2000 konnte man in allen Zeitungen lesen, dass wir die Jahrtausendwende eigentlich schon hinter uns haben. Denn der 2000. Geburtstag Jesu soll sich im Jahr 1996 ereignet haben. Jesus wäre demnach im Jahr 4 vor der Zeitenwende geboren worden. Wie kommt man zu dieser Datierung? Nach dem Lukasevangelium fällt die Geburt Jesu in die Regierungszeit des römischen Kaisers Augustus (37 vor Christus – 14 nach Christus). Damit ist der grobe Zeitraum eingegrenzt. Matthäus und Lukas sagen auch, der jüdische König Herodes der Große sei noch an der Macht gewesen. Herodes starb im Jahr 4 vor Christus, also muss Jesus spätestens in diesem Jahr geboren worden sein. Zu diesem Datum passt aber nicht der Hinweis auf die große Volkszählung, die unter dem römischen Statthalter Quirinius im Jahr 6 nach Christus durchgeführt wurde. Der Stern von Betlehem wiederum, dessen Bahn Johannes Kepler ermittelte, führt ins Jahr 7 vor Christus zurück.

Auch der Tag der Geburt Jesu ist unbekannt. Die Heilige Nacht vom 24. auf den 25. Dezember ist kein historisches, sondern ein symbolisches Datum. Es ist die Zeit der Wintersonnenwende. Die Tage werden wieder länger, die Nächte kürzer. Die Dunkelheit weicht dem Licht. So ist es nur folgerichtig, wenn die alten Weihnachtsbräuche die Geburt Jesu mit dem Symbol »Licht« feiern. In England oder Amerika wird der 25. Dezember als Tag der Geburt Jesu gefeiert, in Deutschland der 24. Dezember. Im englischen Sprachraum folgt man dabei der alten jüdischen Einteilung des Tages. Er endet nicht um Mitternacht, sondern mit dem Sonnenuntergang.

Während die Wintersonnenwende Jesu zugeordnet wurde, setzte man die Sommersonnenwende in Beziehung zu Johannes dem Täufer. Auch seine Geburt hatte der Engel Gabriel angekündigt. Johannes wurde am 24. Juni geboren. Als Johannistag steht er noch heute in den Kalendern. Nach dem 24. Juni werden die Tage wieder kürzer und die Nächte länger. Eine Anspielung auf diese jahreszeitlichen Entsprechungen wurde einem Wort Johannes des Täufers entnommen. Nach seiner Begegnung mit Jesus sagte er: »Er (Jesus) muss wachsen, ich aber muss kleiner werden.« (Johannes 3.30)

Als wahrer Geburtstag Jesu aber könnte auch der 25. März gelten. An diesem Tag soll der Engel Gabriel zu Maria gekommen sein. Als Maria Verkündigung (Maria annunciata) gehört der 25. März bis heute zu den großen christlichen Festtagen. Der Tag der Verkündigung galt zugleich als Tag der Inkarnation, denn nachdem der Engel seine Botschaft verkündigt hatte, wurde Maria schwanger. Auch dieses Datum ist nicht ohne Hintersinn, denn es antwortet auf die Frage nach dem Beginn des menschlichen Lebens. Seit wann bin ich? Beginnt mein Leben mit der Geburt? Wann ist der Embryo ein Mensch? Mit dem dritten Monat der Schwangerschaft? Vom Zeitpunkt der Befruchtung der Eizelle? Antworten auf diese Fragen beschäftigen Väter und alle Mütter, ob gewollt oder ungewollt schwanger, egal, ob sie ihr Kind auf natürliche Weise gezeugt oder in vitro haben befruchten lassen.

Der 25. März ist auch das Datum der Tagundnachtgleiche. Auf der anderen Seite des Jahres steht die zweite Tagundnachtgleiche, das Herbstäquinoktium vom 25. September, an dem Johannes gezeugt wurde. Wer die Geburt Jesu mit spirituellem Spürsinn betrachtete, der kam auf weitere geheimnisvolle Entsprechungen. So entdeckte der Kirchenvater Augustin einen weiteren Zusammenhang: Der 25. März war zugleich der Tag der Kreuzigung. Der Tod Jesu aber war der Beginn eines neuen Lebens. Bis auf den heutigen Tag werden nicht die Geburtstage der Heiligen gefeiert, sondern ihre Todestage. Der Todestag galt als Geburtstag (dies natalis) für den Himmel. Im Fall Jesu war das nicht anders. Wie wichtig der 25. März über Jahrhunderte war, kann auch den vielen Ereignissen entnommen werden, die auf diesen Tag datiert wurden: Am 25. März, so glaubte das Mittelalter, hatte Gott die Welt erschaffen. Adam wurde an einem 25. März die Seele eingehaucht, Abraham wollte seinen Sohn Isaak auf dem Berge Moria opfern, Moses und das Volk Israel zogen unbeschadet durch das Schilfmeer, Petrus wurde von einem Engel aus dem Kerker befreit. Wo Licht ist, da wird auch der Schatten sichtbar. Deshalb datierte man ebenfalls dunkle Seiten der menschlichen Geschichte auf den 25. März: den Sündenfall, die Ermordung Abels, den Beginn der Sintflut und den Untergang von Sodom und Gomorrha.

Wann wurde Jesus geboren? Auf diese Frage gibt es keine zuverlässige und wissenschaftlich begründbare Antwort. Doch zahlreich waren die Antworten auf eine andere Frage: Was geht mich die Geburt Jesu an? Was ist besonders an ihr? Und wie wird das göttliche Kind auch in meiner Seele geboren? Das komplexe Beziehungsnetz, das um den 25. März gesponnen wurde, gab darauf Antworten. Die symbolische Bedeutung des Datums stand im Vordergrund. Auch die Bestimmung der spirituellen Chronologie forderte Genauigkeit, wenngleich aus anderem Geist als dem der mathematischen Logik. Nicht nur der Tag, sondern auch die Stunde der Inkarnation Jesu konnte von Bedeutung sein für den, der sich singend, betend und meditierend dem Geheimnis von Gottes Gegenwart näherte.

Dies geschah und geschieht vor allen Dingen in den Klöstern. Der Tagesablauf der Mönche und Nonnen folgt einem geordneten Gebetsrhythmus. Dieser beginnt in der Regel mit der Laudes (Morgen), führt über die Sext (Mittag) und Non (Nachmittag) zur Komplet (Abend) und zur Matutin (Nachtwache). In diese Stundengebete eingebunden ist auch der berühmte Gesang, den die schwangere Maria mit den Worten anstimmte: »Meine Seele erhebt den Herrn und mein Geist freut sich Gottes, meines Heilandes ...« (Lukas 1.47). Dieses »Magnificat« genannte Gebet wird von Mönchen und Nonnen jeden Morgen wiederholt. Sie sehen in Maria ein spirituelles Vorbild und wollen wie sie die Gegenwart des göttlichen Kindes in ihren Seelen spüren. Aus ihrem Gebetsrhythmus hatte sich die Frage nach der Stunde der Inkarnation ergeben. War es die Laudes gewesen? Die Schöpfung hatte im Morgengrauen begonnen. Also sprach für die Stunde der Erneuerung der Welt ebenfalls die frühe Morgenstunde. Andere kombinierten: Die drei Engel, die Abraham und Sara besuchten, um die Geburt des Sohnes Isaak anzukündigen, waren in der Mittagshitze erschienen. Die Braut aus dem Hohelied Salomons sucht in der Mittagszeit ihren Bräutigam. Paulus wird zur Mittagsstunde vor Damaskus bekehrt, und Jesus stirbt zur Mittagszeit – diese Bezüge schienen alle auf die Sext als Zeit der Begegnung zwischen Maria und dem Engel zu sprechen. Andere wiederum verwiesen auf den Raum der Stille und der meditativen Versenkung, in dem sie tiefe Gotteserfahrungen gemacht hatten. Wann erreichen wir Momente größter Ruhe? Doch nicht während des Tages mit seinen zahlreichen Aufgaben und Ablenkungen, sondern nur am späten Abend. So galt anderen die Komplet am späten Abend als Zeit der Inkarnation. Den besonders strengen Ordensleuten aber konnte nur die Zeit der Nachtwache als rechte Engelsstunde in Frage kommen.

Die zahlreichen Antworten zeigen vor allen Dingen eins: Der Tag und die Stunde, wo sich die Geburt Jesu in der Seele eines Menschen wiederholen kann, ist jederzeit. Jeder Augenblick und jeder Atemzug kann zum Geburtstag, Neuanfang und Beginn eines neuen Lebens werden.

Welcher Religion gehörte Jesus an?

Fragt man, welcher Religion Jesus angehörte, bekommt man mit großer Regelmäßigkeit die Antwort: »Jesus war ein Christ.« Das ist falsch. Jesus war ein Jude. Seine Religionszugehörigkeit hatte sich Jesus nicht ausgesucht. Er wurde in sie hinein geboren. Denn Jude ist, wer von einer jüdischen Mutter geboren wird. Was das bedeutet, wurde mir auf einer meiner Reisen klar. Ich begegnete einer jungen Frau aus Israel. Wir kamen ins Gespräch über religiöse Erziehung in Deutschland. Ich erzählte von Janina, einer meiner Schülerinnen, die Buddhistin geworden ist, und von meiner Kollegin Eva-Maria, die zum Katholizismus übergetreten ist. Viele Eltern, sagte ich, lassen ihre Kinder nicht taufen, weil sie ihnen später selbst die Wahl überlassen wollen, welcher Religion sie angehören. Die junge Frau aus Israel sagte, sie glaube nicht an Gott, ja, sie sei vollkommen unreligiös. Dann zeigte sie mir ihren Pass. In ihm stand in der Rubrik »Religion« das Wort »Jude« eingetragen. Über diese Eintragung erregte sie sich. »Ich lebe in Israel und habe gelernt, mein Land mit der Waffe zu verteidigen. Ich werde es auch tun, aber ich bin keine Jüdin.«

Jesus hatte keinen jüdischen Pass. Das Zeichen seiner unverkennbaren Zugehörigkeit zum Judentum war die Beschneidung. Die Entfernung der Vorhaut des männlichen Gliedes galt seit Abrahams Zeiten als Siegel des

Bundes, den Gott mit dem Volk Israel geschlossen hatte. Dieser Gott hieß Jahwe. Doch galt sein Name als so überaus heilig, dass er in der Regel nicht ausgesprochen, sondern nur umschrieben wurde. Die Beschneidung und auch die Neigung, den Namen Gottes nicht auszusprechen, wurden später von den Muslimen übernommen. Sigmund Freud, der als Kind selbst beschnitten worden war, aber nicht an Gott glaubte, verband mit diesem blutigen Ritus das Bild eines grausamen Gottes, der wie ein Despot regierte. Die Beschneidung, schrieb Freud in seinem Buch über den »Mann Moses«, sei ein Machtbeweis und zugleich eine Kastrationsdrohung. Ihre Botschaft laute: Wer sich gegen Gott auflehne, der muss damit rechnen, dass er ein zweites Mal und wesentlich folgenreicher im Genitalbereich verschnitten werde.

Jesus hat sich mit Sicherheit keine Gedanken in dieser Richtung gemacht. Er wurde, dem Brauch entsprechend, am achten Tag nach der Geburt beschnitten (Lukas 2.21). Seit dem Tag der Beschneidung trug er auch offiziell den Namen Jesus, so wie es der Engel Gabriel gefordert hatte. Nach dem jüdischen Gesetz galt die Wöchnerin Maria als unrein. Sie durfte daher nicht den heiligen Bezirk des Tempels betreten. Die Zeit der kultischen Unreinheit dauerte unterschiedlich lange, je nachdem, ob die Mutter ein Mädchen oder einen Jungen geboren hatte. Bei einem Jungen währte sie insgesamt 41 Tage, bei einem Mädchen 80 Tage. So stand es in den Gesetzen des Mose (3. Mose 12,1–8) genau vorgeschrieben. Nach dieser Zeit der Unreinheit musste die Mutter zum Tempel nach Jerusalem gehen und ihr Kind auslösen. Die Auslösung war ein blutiges Ritual. Egal, ob die Mutter einem Mädchen oder einem Jungen das Leben geschenkt hatte, sie musste dafür dem Priester ein einjähriges Schaf zum Brandopfer und eine Taube oder Turteltaube zum Sündopfer überbringen.

Diese Opfertiere wurden von ihm im inneren Bezirk des Tempels geschlachtet. Für arme Juden gab es eine Sonderregelung: Statt des Schafes konnte eine weitere Taube oder Turteltaube geopfert werden.

Neben diesen Reinheitsgesetzen existierten verschärfte Vorschriften für das erstgeborene Kind einer Mutter. Jede Erstgeburt, so glaubte man, gehöre Gott und müsse folglich ihm geopfert werden. Der Stammvater Abraham war ja tatsächlich bereit gewesen, seinen erstgeborenen Sohn Isaak regelrecht zu schlachten, bis er dann im letzten Moment durch einen Engel die Weisung erhielt, Gott statt des Sohnes einen Widder zu opfern. So wurde auch später das erstgeborene Kind durch ein Tieropfer ausgelöst (4. Mose 18,15; 5. Mose 15,19–23).

Diesem Brauch folgen auch Maria und Josef ganz selbstverständlich. Als Jesus zwei Monate alt ist, gehen sie mit ihm in den Jerusalemer Tempel. Da beide wenig Geld besitzen, lassen sie statt des einjährigen Schafes zwei Tauben opfern (Lukas 2.22–24). Im Säulenhof des weiträumigen Tempelbezirks kommt es zu einer denkwürdigen Begegnung des Säuglings mit zwei frommen Alten. Einer heißt Simeon. Dieser hatte von Gott eine Prophezeiung erhalten, dass er nicht eher sterben werde, bis er den Messias, den Erlöser seines Volkes, gesehen habe. Unter den vielen Kindern, die auf den Armen ihrer Mütter durch den Innenhof des Tempels getragen werden, glaubt er in Jesus den verheißenen Erlöser erkennen zu können. Er geht auf die Mutter zu, nimmt den Säugling in seine Arme, lobt Gott und segnet anschließend das Kind und seine Eltern. Vor seinen inneren Augen läuft der Lebensweg Jesu wie in einem Film ab. Er sieht weit voraus in die Zukunft. Dunkle Bilder scheinen in ihm aufzutauchen. Szenen des Leidens, Augenblicke des Schmerzes nicht nur für Jesus, sondern auch für die Mutter. Simeon wendet sich direkt an Maria und sagt: »Auch durch deine Seele wird ein Schwert dringen« (Lukas 2.35). Das ist vielleicht eine Anspielung auf die kommenden Mutter-Sohn-Konflikte, die nicht ausbleiben werden (Johannes 2.4), aber vor allen Dingen ein Hinweis auf den Tod Jesu. In der Marienfrömmigkeit haben diese Worte eine überaus große Wirkung entfaltet. Von den Schmerzen der Mutter Jesu ist die Rede im Rosenkranzgebet (»schmerzensreicher Rosenkranz«), und auf vielen Skulpturen wird Maria mit sieben Schwertern in der Brust dargestellt. Die Begegnung des jungen Jesus mit dem alten Simeon hat in den Lebensbeschreibungen vieler Religionsstifter Parallelen. So wird der kleine Prinz Siddartha Gautama von dem Einsiedler Asita schon lange vor seiner Erleuchtung als Buddha (»Der Erleuchtete«) erkannt. Im Tempelbezirk von Jerusalem kommt es noch zu einer weiteren Begegnung. Auch die 84-jährige Prophetin Hannah erkennt die besondere Sendung des Kindes.

Nach der Auslösung Jesu kehren die Eltern mit ihm in ihre Heimat Galiläa zurück. Das Kind wächst in der Stadt Nazaret auf. Jesus wurde später »der Mann aus Nazaret« oder kurz »der Galiläer« genannt. Galiläa war die nördlichste Provinz Palästinas. Im Süden lagen Nazaret, der Berg Tabor und die Stadt Nain, im Osten der See Genezaret (ca. 212 Meter unter dem Meeresspiegel) mit den Städten Magdala, Kapernaum und Tiberias. Aus Magdala stammte Jesu berühmteste Jüngerin. In Kapernaum wohnte Petrus, der erste Jünger Jesu. Hier befand sich auch die Zollstation, welche der Jude Levi betrieb. In der Hafenstadt Tiberias befand sich der Sitz des Provinzkönigs Herodes Antipas (4 vor Christus – 39 nach Christus). Die Landwirtschaft in Galiläa blühte. Die Dörfer um den See Genezaret waren durch den Handel mit Fischen zu bescheidenem Wohlstand gekommen. Das Zentrum des Fischereigewerbes war Magdala. In der griechischen Sprache hieß das

»Einsalz-Ort« (Taricheai). Salz gab es im Übermaß am weiter südlich gelegenen Toten Meer (ca. 392 Meter unter dem Meeresspiegel), das mit dem See Genezaret durch den Fluss Jordan verbunden war. Aus der Gegend des Toten Meeres stammte auch der Asphalt, den man zur Abdichtung der Schiffe brauchte.

Einmal im Jahr pilgert Jesus mit seinen Eltern zum Tempel nach Jerusalem. Dann feiert die Familie wie alle Juden Passah (Pessach). Es gehört zu den zentralen Festen des Judentums und erinnert an die Befreiung aus dem Leben in Abhängigkeit durch den Propheten Moses. Er war es, der die Vorfahren aus Ägypten geleitet und in einer 40 Jahre dauernden Wüstenwanderung bis an den Jordan geführt hatte. Dahinter lag ein Land, das zwar seit Jahrtausenden besiedelt war, aber nach jüdischem Glauben nun der Moseschar gehören sollte: Das gelobte Land, das Land, wo Milch und Honig fließen, wurde es genannt. Honig und Milch flossen selten, dafür aber Blut in Strömen. So war Jericho, heute Teil des palästinensischen Autonomiegebietes, bereits dreitausend Jahre alt, als die jüdischen Stämme im Jahr 1300 vor Christi Geburt den Jordan überschritten.

Selbstverständlich lernte der junge Jesus von seinen Eltern die Eckdaten der Geschichte des jüdischen Volkes: den Auszug aus Ägypten, die Übergabe der zehn Gebote an Moses, die Kämpfe um ein gelobtes Land, das andere Völker als ihr Eigentum betrachteten, die Zeit der Richter und der großen Könige, allen voran Saul und David (1000 vor Christus), der Jerusalem eroberte und zum Zentrum des Reiches machte. Dann König Salomon (970 vor Christus), der den ersten Tempel in Jerusalem erbauen ließ, damit Gott ein Haus auf Erden habe und unter seinem Volk wohnen könne und damit die beiden Steintafeln mit den zehn Geboten einen würdigen Ort der Verehrung besäßen. Jesus war auch vertraut mit der Kritik der Propheten, die gegen die Könige und den Tempelkult ihre Stimme erhoben hatten. Er wusste, dass Salomons Tempel mitsamt den Gesetzestafeln im 6. Jahrhundert von den Babyloniern zerstört worden war, er kannte die Namen der Völker, die gekommen und gegangen waren: Assyrer, Perser, Ägypter und jetzt die Römer. Wann war das Land je frei gewesen? Nur eines blieb im Wandel der Zeiten: die heiligen Bücher, allen voran die Thora (fünf Bücher Mose), die Lehre der Propheten und all jener Lehrer, die sie im Laufe der Jahrhunderte kommentiert hatten.

Jesu Eltern haben die Grundlagen seiner religiösen Erziehung gelegt. Seine erste Lehrerin aber wird Maria gewesen sein. Durch die tägliche spirituelle Praxis, die Gebete, den gemeinsamen Besuch der Synagoge am Vorabend des Sabbat, die jährliche Wallfahrt nach Jerusalem, vor allen Dingen aber durch ihre Liebe lernte er Gott von ganzem Herzen und von ganzer Seele lieben. Jesus war ein Kind der Liebe. Er war gewollt, auch wenn die Umstände seiner Geburt nach jüdischem Reinheitsverständnis schlichtweg skandalös waren. In Liebe wurde er empfangen, und in der Liebe wuchs er auf. Sein Bild von der Liebe Gottes trug auch ganz menschliche Züge. Möglich, dass vor seinen inneren Augen, wenn sie Gott schauten, zugleich das Bild der Mutter auftauchte. Möglich, dass seine Stimme ihren Klang hatte. Wir wissen es nicht. Unbekannt ist auch, ob Maria lesen und schreiben konnte, wie es die Marienbilder Sandro Botticellis zeigen. Dieser Künstler der Renaissance glaubte, wie viele Menschen seiner Zeit, dass Jesus das Lesen und Schreiben durch seine Mutter gelernt hatte.

Geschrieben wurde auf Ton oder Pergament, auf Stein oder Papyros. Das Material war umständlich zu bearbeiten oder kostspielig. Deshalb schrieb Zacharias auf ein

Wachstäfelchen (Lukas 1.63) und Jesus gelegentlich sogar mit dem Finger in den Sand (Johannes 8.6), wenn kein Papier zur Hand war. Gelesen und abgeschrieben wurden fast ausschließlich die heiligen Texte aus den fünf Büchern Mose. Der Prophet selbst hatte seinem Volk die Verpflichtung zu religiöser Erziehung eingeschärft:

»So nehmt nun diese Worte zu Herzen und in eure Seele und bindet sie zum Zeichen auf eure Hand und macht sie zum Merkzeichen zwischen euren Augen und lehrt sie eure Kinder, dass du davon redest, wenn du in deinem Hause sitzt oder unterwegs bist, wenn du dich niederlegst und wenn du aufstehst. Und schreibe sie an die Pfosten deines Hauses und an deine Tore, auf dass ihr und eure Kinder lange lebt« (5. Mose 11,18–21).

Auch Josef hat sich zum Gebet die heiligen Worte mit einem kleinen Kästchen vor die Stirn und um den Arm gebunden, wie es jüdischer Brauch vorschrieb. Gebetet wurde morgens, mittags und abends. Wenn er zu Hause war, dann leitete Josef das Gebet. So schrieb es der Brauch vor. Er wickelte sich einen Gebetsriemen (Tefillim) um den linken Arm. Das untere Ende hielt er dabei in der linken Hand, das kleine Kästchen mit den Worten aus der Thora ruhte in Herzrichtung weisend auf der Innenseite des Oberarmes. Den anderen Gebetsriemen legte er so um den Kopf, dass die Kapsel in der Mitte der Stirn zu liegen kam. Jesus wusste auch, was auf den kleinen zusammengerollten Zettelchen, die sich in den beiden Kapseln befanden, geschrieben war. Auf dem einen Zettel stand das »Höre Israel« (Sch'ma Jisrael), mit dem jedes Gebet eröffnet wurde: »Höre, Israel, der Herr ist unser Gott, der Herr allein.« Auf dem zweiten Zettel befand sich die Fortsetzung dieses Verses: »Und du sollst den Herrn, deinen Gott, liebhaben von ganzem Herzen, von ganzer Seele und mit all deiner Kraft.« (5. Mose 6,4–5) Beim Morgengebet legte sich Josef zusätzlich den Gebetsmantel (Tallit) um.

Schon früh lernte Jesus, dass der inneren Ausrichtung des Gebetes eine äußere Ausrichtung entsprach. Die spirituelle Mitte lag in Jerusalem. So beugte er sich wie alle anderen in Richtung des Tempels. Gebetet wurde laut. Dabei konnte man stehen oder knien, je nachdem, wie tief die Ehrbezeugung sein sollte. Die Hände wurden zum Gebet nicht gefaltet, sondern ausgebreitet und mit den Innenflächen in Richtung Himmel gestreckt, denn dort oben wohnte der Vater im Himmel, und von oben kam auch sein Segen über die Familie.

Jesus lebte in Gottes Gegenwart. Am Sabbat besuchte er nach Sonnenuntergang mit den Eltern die Synagoge. Er stand neben Josef, während Maria, wie es die Sitte vorschrieb, auf der Frauenseite betete. Der Gottesdienst in der Synagoge bestand aus Gebeten und Psalmengesang. Vor allen Dingen aber wurde aus der Thora und den Büchern der Propheten gelesen. Anschließend wurde der vorgelesene Text erklärt. Die Synagoge war mehr als ein Bethaus. Hier konnten Durchreisende übernachten und Arme gespeist werden, hier wurden die Kinder unterrichtet, und die Alten vertieften hier ihre Kenntnisse der heiligen Schriften. Die Synagoge war das religiöse und soziale Zentrum der Dorfgemeinschaft. Auch Jesus wird sie später zur Verbreitung seiner Lehre immer wieder aufsuchen.

Nach dem Synagogenbesuch folgte dann zu Hause das Sabbatmahl. Sabbat oder Schabbat bedeutet »ruhen«. Gott selbst, so lernte Jesus, hatte am siebten Tag nach der Vollendung der Schöpfung geruht. Deshalb sollte auch der Mensch, egal ob als Freier oder als Sklave geboren, am siebten Tag ruhen. So wurden am Rüsttag, dem Tag vor dem Sabbat, noch einmal das Haus gereinigt und das Essen vorbereitet. Die Familie reinigte sich besonders gründlich durch ein Bad, und jedes Mitglied legte die besten Kleider an. Schön gekleidet wie eine Prinzessin war der Sabbat selbst. In der Vorstellung vieler war er die »Braut Gottes«.

War Jesus ein Musterschüler?

Gott ist allwissend. Davon geht die überwiegende Mehrheit aller Menschen, die an die Existenz Gottes glauben, aus. Aber waren Moses und Mohammed allwissend? Gewiss nicht. Weder Moses noch Mohammed wurde der Titel eines »Sohn Gottes« zugesprochen. Sie waren Männer voll Inspiration und göttlichen Geistes, aber sie blieben dabei Menschen aus Fleisch und Blut. War Jesus allwissend? Was wusste er über seine Zeit? Wie groß war seine Lesekompetenz? Wie weit waren seine mathematisch-naturwissenschaftlichen Fähigkeiten ausgebildet? Konnte Jesus lesen, schreiben und rechnen? War er gar ein Musterschüler? Er musste wie jedes andere Kind lernen, zuerst von seinen Eltern und dann in der Schule.

Von den Unterrichtsmethoden seiner Zeit bekam ich eine Ahnung, als Eleonora und ich im Frühjahr 1997 die Heiligengräber im Nordwesten Pakistans besuchten. Um das Grab herum lag der heilige Bezirk. Vor dem Betreten mussten wir die Schuhe ausziehen, so wie es auch die Stimme des Engels aus dem brennenden Dornbusch von Moses gefordert hatte (2. Mose 3,5) und wie es bis heute im ganzen Orient guter Brauch ist. Im Inneren des heiligen Bezirks saß ein alter Lehrer und trug die heiligen Gesänge vor. Im Kreis um ihn herum saßen seine Schüler. Sie lernten die Texte durch ständige Wiederholung auswendig. An einem Abend waren wir Gäste unseres Fahrers. Er war Pakistani. Wir saßen im Garten und tranken grünen Tee. Dann stellte er uns seine Familie vor. Seine beiden kleinen

Töchter setzten sich zu uns in den Kreis. Wenige Minuten später erschien ein bärtiger Gast. Es war der Mullah. Er war gekommen, um den Mädchen Religionsunterricht zu erteilen. Uns würdigte er keines Blickes. Beide Mädchen schlugen eine gekürzte Ausgabe des Koran auf. Der Lehrer wies mit dem Finger auf die arabischen Schriftzeichen und zitierte die Verse. Die Mädchen wiederholten sie immer wieder, wohl an die einhundert Mal. Jedes Mädchen hatte seinen eigenen Vers. Als ich unseren Gastgeber fragte, ob seine Töchter denn auch verstünden, was sie lasen, schüttelte er den Kopf. Denn die Muttersprache der Mädchen war Urdu und nicht Arabisch.

Kleine Kinder haben oft ein erstaunliches Gedächtnis und können mühelos viele Lieder und Gedichte auswendig lernen. Der Schulbetrieb zu Jesu Zeit bestand weitgehend aus sturem Pauken. Mit sechs Jahren besuchte das männliche Kind die Schule. Eine Mädchenerziehung gab es noch nicht. Die Schule war der Synagoge angegliedert und hieß »Haus des Buches« (Bet Sefer). Hier wurden die heiligen Texte des Judentums in ständiger Wiederholung auswendig gelernt. Das geschah mit großem Lärm, da jedes Kind den Text mit lauter Stimme las, und mochte von außen wie ein großes Durcheinander klingen. Daraus hat sich die bekannte Redewendung »Es geht hier zu wie in einer Judenschule« entwickelt. Jesu Sprache war Aramäisch. Die heiligen Texte aber waren in Hebräisch geschrieben worden. Nicht jeder Schüler wird also verstanden haben, was er auswendig lernte. Jesus aber hatte Gefallen am Lernen. Er war inspiriert und zeigte frommen Eifer an den religiösen Diskussionen, die in den Synagogen stattfanden.

Dic »Bibel Jesu« war nicht das Alte Testament, wie es heute in den christlichen Bibelausgaben zu finden ist. Alle verbindlichen Texte des Judentums versammelte die Thora (Tora). Dieses hebräische Wort bedeutet »Lehre« oder »Unterweisung«. Die Thora gliedert sich in fünf Bücher, die dem Propheten Moses zugeschrieben werden, aber mit Sicherheit nicht alle aus seiner Feder stammen, denn im letzten Buch der Thora wird der Tod des Moses ausführlich beschrieben. Wie sämtliche großen heiligen Texte der Menschheit, so hatte auch die Thora zuerst eine lange mündliche Überlieferungsgeschichte, und dann erst wurden schriftliche Zusammenfassungen erstellt. Die fünf Bücher der Thora heißen in den christlichen Bibelausgaben: Genesis (1. Buch Mose), Exodus (2. Buch Mose), Leviticus (3. Buch Mose), Numeri (4. Buch Mose) und Deuteronomium (5. Buch Mose). Die Bücher Genesis und Exodus sind auch christlichen Lesern vertraut, denn hier stehen die Erzählungen von der Erschaffung der Welt, die Geschichten der Urväter Abraham, Isaak und Jakob und die Geschichten von Moses. Jedes Kind in Deutschland, das am Religionsunterricht der Grundschule teilnimmt, bekommt sie vorgelesen oder erzählt. Zudem sind sie in unzähligen Kinderbibeln und auf Hörspielcassetten in unseren Kinderzimmern gegenwärtig.

Die Bücher Leviticus, Numeri und Deuteronomium dagegen enthalten fast ausschließlich jüdische Reinheitsgesetze. Sie bestimmten den Alltag Jesu. In ihnen war von den Rechten der Sklaven, über das Schächten der Tiere, den Umgang mit Okkultismus bis zu sozialen Abgaben alles geregelt. Deshalb wurde die gesamte Thora auch als »das Gesetz« bezeichnet. Jeder Vater hatte die Pflicht, seinem Sohn die Kenntnis der Gebote zu vermitteln. Das Gesetz im eigentlichen Sinn waren jedoch die zehn Gebote. Jesus lernte den Umgang mit der Thora und wurde dabei immer wieder vor die Frage gestellt: Wie wörtlich sind die Gesetze zu nehmen? Da war beispielsweise zu lesen:

»Wenn jemand nun einen widerspenstigen und ungehorsamen Sohn hat, der der Stimme seines Vaters und seiner Mutter nicht gehorcht und auch, wenn sie ihn züchtigen, nicht gehorchen will, so sollen ihn Vater und Mutter ergreifen und zu den Ältesten der Stadt führen und zu dem Tor des Ortes und zu den Ältesten der Stadt sagen: Dieser unser Sohn ist widerspenstig und ungehorsam und gehorcht unserer Stimme nicht und ist ein Prasser und Trunkenbold. So sollen ihn steinigen alle Leute seiner Stadt, dass er sterbe, und du sollst so das Böse aus deiner Mitte wegtun, dass ganz Israel aufhorche und sich fürchte.« (5. Mose 21,18–21) Auch die Sexualgesetzgebung war radikal: Wenn eine junge Frau die Ehe einging, und ihr Mann stellte in der Brautnacht fest, dass sie nicht mehr Jungfrau war, so sollte sie gesteinigt werden. (5. Mose 22,21)

Die Thora konnte fundamentalistisch gelesen werden. Was in ihr stand, war dann wörtlich zu nehmen. Dieser Umgang mit religiösen Gesetzen ist in islamischen Ländern noch heute weit verbreitet. Das Gesetz konnte aber auch unterschiedlich gedeutet werden. Gesetzeslehrer, Schriftgelehrte, Pharisäer – viele stritten sich um die zeitgemäße Deutung der heiligen Texte. Einige Auslegungen berühmter Lehrer machten dabei Schule. Sie wurden gesammelt und bildeten juristische Kommentare zur Thora. Diese Texte wurden Halacha (»Gehen«, »Wandeln«) oder auch mündliche Thora genannt. Als die Menge dieser Kommentare in den späteren Jahrhunderten immer größer wurde, wurden sie in der Mischna (»Lernen«, »Wiederholung«) gesammelt. Diese wiederum ging mit der Gemara in den Talmud (»Lehre«, »Studium«) auf. Von ihm sind uns zwei Fassungen überliefert: der kleine Jerusalemer Talmud und der zwölfbändige Babylonische Talmud, dessen deutsche Übersetzung Lazarus Goldschmidt noch während der Hitlerzeit vollenden konnte. Hier lesen wir im Traktat Kethuboth über die religiöse Erziehung:

Rabbi Jichaq zitiert eine alte Erziehungsregel. Sie besagt, der Vater solle »mit seinem Sohne bis zu seinem zwölften Lebensjahr Geduld haben, von da ab gehe er ihm ans Leben.« Dem widerspricht Rabbi Jichaq nur teilweise und empfiehlt, keinen Schüler unter sechs Jahren in die Schule aufzunehmen. »Einen Sechsjährigen nimm auf und stopfe ihn wie einen Ochsen.« Wenn er dann mit zwölf Jahren immer noch nichts gelernt habe, dann solle man die alte Erziehungsregel anwenden. (Kethuboth IV. 50a) Über den Beginn der Beschulung mit sechs Jahren gibt es jedoch unter den Rabbinen keine Einigkeit. Denn an gleicher Stelle des Talmud wird ein Ausspruch des Rabbi Qattina zitiert: »Wenn jemand seinen Sohn unter sechs Jahren in die Schule bringt, so läuft er hinter ihm her und erreicht ihn nicht.« Das kann einmal heißen: Jede Beschulung vor dem sechsten Lebensjahr ist eine Verfrühung und pädagogisch sinnlos. Eine andere Auslegung aber meint: »Seine Kameraden laufen hinter ihm her und erreichen ihn nicht.« Wer also mit Sechs eingeschult wird, der hat einen Bildungsvorsprung, den später eingeschulte Kinder nicht mehr erreichen werden. Was gilt nun aus der Sicht des Talmud? Die Antwort lautet: Beides. Verfrühung kann ebenso schädlich sein wie zu späte Förderung der Talente. Es kommt darauf an, den rechten Zeitpunkt für die optimale Förderung des Kindes zu spüren.

War Jesus ein schwer erziehbares Kind?

Hochbegabte Kinder sind oft verhaltensauffällig, weil sie zu Hause, im Kindergarten oder in der Grundschule unterfordert sind. Wie Jesus seine Kindheit verbrachte, ob er Freunde hatte und wie sein Lernverhalten in der Schule war, darüber erfahren wir aus der Bibel nichts. Zwischen der Geburt und seinem Auftreten in der Öffentlichkeit im Alter von dreißig Jahren liegt seine Entwicklung im Dunkeln. Nur der berühmt gewordene Konflikt mit seinen Eltern im Alter von zwölf Jahren wird von den biblischen Autoren erzählt. Die ersten Christen und Christinnen aber waren durchaus an Erzählungen aus der Kindheit Jesu interessiert. Ihrer gab es viele, und sie waren sehr beliebt. Eine geschlossene Biografie von der Kindheit Jesu zwischen dem fünften und zwölften Lebensjahr liefert das Thomasevangelium. Es zeigt einen Knaben im Dauerkonflikt mit Eltern, Lehrern und Nachbarn.

Mit anderen Kindern spielt der fünfjährige Jesus an der Furt eines Baches. Aus dem Lehm formt er kleine Vögel. Das harmlose Spiel erregt den Widerspruch frommer Nachbarn. Denn es ist Sabbat, der heilige Tag der Juden, an dem jede Arbeit zu ruhen hat. Ein Nachbar geht zu Josef und beschwert sich über das verhaltensauffällige Kind. Josef fühlt sich unter Druck gesetzt, läuft an den Bach und überschüttet Jesus mit Vorwürfen. Der aber klatscht einmal in seine Hände und ruft den Sperlingen zu: »Fort mit euch!« Da werden sie lebendig und fliegen davon.

Das Thomasevangelium berichtet ausführlich über die magischen Kräfte des Kindes. Jesus beherrscht mühelos die weiße und die schwarze Magie. Mit einem Fluch bestraft er Spielkameraden, die ihn stören. Ein Kind leidet hinfort an Wasserentzug, das andere stirbt sogar. Proteste der betroffenen Eltern bleiben nicht aus. Josef beschließt nun, den kleinen Wildfang zu erziehen. Wer sein Kind liebt, der züchtigt es: Josef zieht den kleinen Irrwisch kräftig an den Ohren. Dann wird der schwer erziehbare Jesus zu einem Lehrer geschickt. Noch immer ist er erst fünf Jahre alt. Doch seinen Lehrer Zachäus versetzt er zuerst in Erstaunen, dann in Verzweiflung. Josef spricht deutlich aus, was alle in Nazaret denken: »Wer soll das Kreuz auf sich nehmen und diesen Knaben erziehen?« Damit eskaliert der Vater-Sohn-Konflikt, und Jesus erteilt seinem

Ziehvater eine knallharte Abfuhr: »Meinst du denn, du seiest mein Vater?«

In der Schule versuchen andere Lehrer ihr Glück. Das Kind bleibt erziehungsresistent. Auch Schläge gegen den Kopf ändern da nichts. Kein Mensch vermag den Willen dieses Trotzkopfes zu beugen. Schließlich erkennt Zachäus: »Dieser Knabe ist nicht von dieser Welt.« Ein Sternenkind also. Vielleicht ein Engel, vielleicht ein Gott, wer weiß es? In jedem Fall wird er nicht mehr beschult und treibt sich dafür mit anderen Kindern herum. Beim Spielen auf einem der Flachdächer in Nazaret fällt ein Kind mit Namen Zenon vom Dach und ist tot. Alle Kinder flüchten. Jesus bleibt allein zurück. Die Eltern des Toten kommen. Wer ist schuld? Jesus ist schuld! Der aber wehrt sich, steigt zu dem Toten hinab, weckt ihn auf und lässt sich die Wahrheit von ihm bestätigen. Auch andere Nachbarn werden auf wunderbare Weise geheilt. Einer spaltet sich beim Holzhacken den Fuß und droht zu verbluten. Jesus berührt den Fuß, und schon schließt sich die Wunde. Da, Jesus ist inzwischen sechs Jahre alt geworden, zerbricht der Wasserkrug am Brunnen. Jesu schöpft das ausgelaufene Wasser mit bloßen Händen vom Erdboden und füllt es zurück in den Krug. Und selbst dem Stiefvater hilft er durch ein Wunder. Josef, der nur geübt war im Herstellen von Pflügen und Jochen, bekommt von einem reichen Mann den Auftrag, ein Bett herzustellen. Er verschneidet die Bretter. Kein Problem für den sechsjährigen Zauberkünstler. Er nimmt beide Bretter in die Hände und zieht sie auf gleiche Länge. Auch seinem Halbbruder Jakobus steht er bei. Beim Holzholen im Wald hatte Jakobus aus Versehen in eine Natter gegriffen. Die Schlage beißt ihn, der Knabe liegt im Sterben. Da kommt Jesus und pustet auf die Bisswunde. Der Halbbruder ist sofort geheilt, und die Schlange zerplatzt wie ein Ballon.

Dann taucht wieder ein Lehrer auf und will Jesus erziehen. Der dritte Versuch. Auch dieser Erzieher benutzt die damals üblichen Methoden zur Bändigung verhaltensauffälliger Kinder und schlägt Jesus so stark auf den Kopf, dass ihm der Schädel dröhnt. Der Knabe aber weiß sich zu wehren, spricht einen Fluch, und dieser frühe Meister der schwarzen Pädagogik fällt ohnmächtig vornüber aufs Gesicht.

Geschichten wie diese waren sehr beliebt, und nicht nur unter dem Namen des Thomas zirkulierten Kindheitsevangelien in den christlichen Gemeinden. Sie gehören zu den so genannten apokryphen Schriften, die nicht in die offizielle Bibel aufgenommen wurden. Warum nicht? Sollten sie uns verheimlicht werden? In unserer Zeit wird schnell der Verdacht erhoben, die Kirche, besonders die katholische Kirche und der Papst, hätten apokryphe Schriften unterdrückt, weil sie nicht wollten, dass wir die Wahrheit über Jesus erfahren. Dieser Verdacht ist unbegründet, denn die Apokryphen wurden über Jahrhunderte gern und oft gelesen und sind in zahlreichen wissenschaftlichen und populären Ausgaben auch heute jedem Leser zugänglich. Von Verschleierungstendenzen kann folglich nicht die Rede sein. Der Grund, warum apokryphe Texte nicht in die Bibel aufgenommen wurden, ist manchmal nur schwer nachvollziehbar. Im Fall des Thomasevangeliums liegt er jedoch auf der Hand: Diese Kindheitserzählungen sind reine Fantasy-Literatur. Was damalige Hörer an diesen Geschichten faszinierte, können wir nicht mehr nachvollziehen. Wir blicken auf diesen Knaben Jesus zurück wie auf einen alten Streifen aus der Zeit, als die Bilder laufen lernten. Die Kirchenväter und -mütter besaßen ein gutes Gespür für Echtheit und Glaubwürdigkeit, auch wenn diese im Gewand der Legende erzählt wurde.

Wann erlebte Jesus sein spirituelles Erwachen?

Im Alter von vierzehn Jahren sind Jugendliche religionsmündig. Dies wird mit der Firmung (Katholizismus), der Konfirmation (Protestantismus) oder der Bar Mizwa (Judentum) gefeiert. Für nicht religiös erzogene Jugendliche haben sich Ersatzformen wie die Jugendweihe entwickelt. Die Aufgabe dieser Feste ist eine Einweihung oder Initiation in die Welt der Erwachsenen. Sie können jetzt in der Synagoge aus der Thora öffentlich vorlesen. In der evangelischen Kirche dürfen sie das Patenamt übernehmen oder sich an den Wahlen zum Kirchenvorstand beteiligen. Nach deutscher Gesetzgebung ist es ihnen nun auch ohne Einwilligung der Eltern erlaubt, aus der Kirche auszutreten oder sich vom Religionsunterricht abzumelden. In meiner Jugendzeit galt die Abmeldung vom Religionsunterricht als Zeichen der Selbstständigkeit. Unter evangelischen Schülern meldeten sich Anfang der Siebziger Jahre bis zu 90 Prozent vom Unterricht ab. Katholiken waren damit im Münsterland zögerlicher. Weil heute viele Eltern nicht mehr auf einer religiösen Erziehung bestehen, hat die Abmeldung vom Religionsunterricht an Attraktivität verloren. Eine Jugend, die weitgehend ohne Religion aufgewachsen ist und folglich auch keine negativen Erlebnisse mit ihr verbindet, ist wieder auf neue und unbelastete Weise offen für eine Begegnung mit der spirituellen Welt.

Unter den Kindern, die mit Jesus aufwuchsen, waren kluge und weniger kluge Schüler, fleißige und faule, interessierte und gelangweilte, doch eines hatten alle gemeinsam: Was sie zu Hause und in der Schule gelernt hatten, das prägte den Alltag aller Menschen in Stadt und Land. Grundschulkinder besitzen die Fähigkeit, große Stoffe zu memorieren. Der ihrer Entwicklung gemäße Unterrichtsstoff soll Fakten enthalten. Dem entsprach zur Zeit Jesu das Thorastudium. Unterschiedliche Meinungen von Lehrern setzen die Fähigkeit zu perspektivischer Wahrnehmung voraus. Diese entwickelt sich erst mit dem zehnten Lebensjahr. Dann wurde die Mischna studiert. Das dreizehnte Jahr eröffnet das moralische Zeitalter. Die Identität des Jugendlichen bildet sich aus. Er sucht sich neue Vorbilder und grenzt sich von seinen Eltern und bisherigen Lehrern ab. Auch Jesus durchlebte diese Phase. Die Erzählung vom zwölfjährigen Jesus im Tempel von Jerusalem zeichnet ein genaues Portrait des jungen Mannes und seiner deutlich erkennbaren Freude, am Gespräch der Lehrer über die schriftliche und mündliche Thora teilnehmen zu dürfen.

Wie jedes Jahr, so waren Jesu Eltern mit ihm zum Passahfest nach Jerusalem gepilgert. Der Weg von Nazaret in Galiläaa ging an Samarien vorbei und dauerte mehrere Tagesreisen. Jesus und seine Eltern pilgerten nicht allein. Die Gruppe war groß, ja unübersichtlich. Neben Fremden befanden sich auch viele Bekannte und Verwandte unter den Pilgern. Nachdem die Festtage beendet waren, machte sich die Pilgergruppe wieder auf den langen Rückweg. Die Herzen erfüllt vom Nachklang der Feierlichkeiten, mal hier, mal dort in ein Gespräch eintauchend, dann wieder in Gedanken vorauseilend in den Alltag, der bald bevorstand – weder Maria noch Josef merkten zuerst, dass ihr Sohn nicht unter ihnen weilte. Jeder, der an einer Massenveranstaltung teilgenommen hat, sei es eine Pilgerfahrt nach Lourdes, ein Fußballspiel oder ein Popkonzert, weiß, wie schnell sich hier Freunde aus den Augen verlieren können. Bei kleinen Kindern werden die Eltern leicht in Panik geraten, bei jungen Erwachsenen bleiben sie ruhig und denken: Irgendwie werden wir schon wieder zusammenfinden. Jesus aber taucht nicht wieder auf. So machen sich Maria und Josef auf den Rückweg. Drei Tage suchen sie ihn in Jerusalem. Gewiss drei Tage voller Panik. Denn als sie ihren Sohn wiederfinden, sind sie außer sich. Maria spricht das Entsetzen, das ihre Seele drei Tage lang erfüllt hatte, direkt aus: »Mein Sohn, warum hast du uns das getan?« (Lukas 2.48) Drei Tage hatten die Eltern gebraucht, um ihren Sohn in Jerusalem zu finden. Das zeigt, wie wenig sie sich in den Jugendlichen einfühlen konnten. Etwas Neues war in ihm aufgebrochen, eine Tiefenschicht der Seele, die weder sie noch er bisher gekannt hatten. Überall haben sie ihn vermutet, nur nicht dort, wo sie ihn fanden: im weiten Innenhof des Tempelbezirks unter den religiösen Lehrern. Ein guter Lehrer konnte die mündliche und die schriftliche Thora aus dem Gedächtnis zitieren – wenn nicht vollständig, so doch in großen zusammenhängenden Passagen. Auch der Islam kennt Weise, die zu diesen Gedächtnisleistungen fähig sind. »Bewahrer« oder »Hafis« heißen diese Gelehrten, die den Koran auswendig zitieren können. Die Eltern sehen ihr Kind im Gespräch mit den Lehrern. Er sitzt nicht ehrfürchtig am Rand unter den Schülern, sondern mitten unter ihnen. Und er hört nicht nur zu und wiederholt die Worte der Weisen, sondern er stellt Fragen. Mit zwölf Jahren ist er in das Gespräch der Lehrer eingetreten. Er fragt, aber er gibt auch Antworten. »Und alle, die ihm zuhörten, verwunderten sich über seinen Verstand und seine Antworten.« (Lukas 2.47)

Diese Szene aus dem Tempel in Jerusalem ist gewiss keine Legende. Hier gibt es nichts in oder hinter dem Gesagten zu ergründen. Im Leben Jesu bildet dieses Religionsgespräch ein Schlüsselerlebnis. Jesus erkennt seine Berufung zum religiösen Lehrer. Wie umfangreich seine Kenntnisse der religiösen Überlieferung zu diesem Zeitpunkt sind, wissen wir nicht. Was ihn auszeichnet und ihm die Anerkennung seiner Lehrer zuträgt, sind die Originalität und Authentizität seiner Fragen und Kommentare. Kluge Köpfe hat es zu allen Zeiten gegeben. Doch war Jesus weder ein Streber noch ein Wunderkind. Er war ein religiöses Genie. Seine Berufung war nicht abgeleitet von Autoritäten. Sie lag in ihm selbst begründet. Das haben nicht nur die Zuhörer im Tempelbezirk, sondern auch die Eltern mit Staunen und Befremden gespürt. Jesus war kein Kind mehr. In ihm brach etwas auf, das die Eltern nicht kannten, nicht verstanden, das ihnen fremd war.

Wie jeder junge Erwachsene, der beseligt von einer neuen Entdeckung und Aufgabe die Zeit um sich herum vergisst, so hatte auch Jesus an seine Eltern nicht mehr gedacht. Er hatte sich innerlich vollständig von ihnen gelöst. Er verstand auch ihre Sorgen nicht. »Warum habt ihr mich gesucht?« (Lukas 2.49) Das ist keine Frage, sondern eine Abwehr: Was wollt ihr von mir? Warum lasst ihr mich nicht in Ruhe? Warum darf ich nicht meinen eigenen Weg gehen? Und um es noch deutlicher zu sagen: »Wisst ihr denn nicht, dass ich sein muss in dem, was meines Vaters ist?« (Lukas 2.49) Damit ist der Bruch mit der Familie vollzogen. Maria und Josef verstehen Jesus nicht. Er ist ihnen fremd. Doch noch ist er zu jung, um selbstständig zu sein. Er geht mit ihnen zurück.

Ob sie unterwegs miteinander gesprochen haben, wissen wir nicht. Nach all diesen Turbulenzen und Irritationen wird wohl vorerst äußerlich Ruhe eingekehrt sein. Und noch einmal, wie schon direkt nach dem Besuch der Hirten damals, als Jesus geboren wurde, heißt es von Maria: »Und seine Mutter behielt alle diese Worte in ihrem Herzen.« (Lukas 2.51) Eine zweite Geburt hatte stattgefunden. Die Szene im Tempel beschreibt den Augenblick der spirituellen Geburt Jesu. Jetzt spürt er seine Berufung, ohne genau sagen zu können, was sein Auftrag wäre.

Während des langen Rückwegs nach Nazaret hat Jesus das Bild der Tempelanlage deutlich vor Augen. Er sieht sich mit den Lehrern im Vorhof des Tempels sitzen. Um sie herum das bunte Treiben: Juden aus vielen Provinzen sind gekommen. Sie sind hungrig und suchen etwas zu essen. Geldwechsler preisen lautstark ihre Dienste an. Viehhändler verkaufen Ochsen, Schafe und Tauben für das Opferritual. Trödler bieten den Pilgern Souvenirs an. Auch die Gespräche hallen in Jesus nach. Die Tage des Gesprächs waren übervoll. Er denkt über einzelne Worte nach. Vielleicht sogar am intensivsten über den Satz, der plötzlich aus ihm gefahren war: Wisst ihr denn nicht, dass ich sein muss in dem, was meines Vaters ist? Vielleicht wunderte sich Jesus im nachhinein selbst über die Worte. Hinter ihnen steckt die Frage: Wo gehöre ich hin? Wo liegt mein Vaterhaus? In Nazaret, in Bethlehem, in Jerusalem, oder ist es vielleicht gar nicht von dieser Welt? Nein, so weit wird er jetzt noch nicht gedacht haben. Für den jungen Mann war der Tempel in Jerusalem zu einem neuen Vaterhaus auf Zeit geworden.

Der Tempel in Jerusalem war ein Neubau, den Herodes I. begonnen hatte, der zur Zeit Jesu aber noch immer nicht vollendet war. Der erste von König Salomo errichtete Tempel war im 6. Jahrhundert zerstört worden, der Tempel, in dem wir Jesus sehen, wird im Jahr 70 nach Christus von den Römern zerstört werden. Er ist bis auf den heutigen Tag nicht wieder aufgebaut worden. Ein Teil seiner Westmauer, die so genannte Klagemauer, ist im heutigen Judentum aber noch immer von zentraler Bedeutung.

Der Tempeldienst wurde von den jüdischen Priestern versehen. Die zahlreichen Priester teilten sich in 24 Geschlechter. Jedes Priestergeschlecht hatte zwei Mal im Jahr Tempeldienst. Die Dienstzeit dauerte jeweils von einem Sabbat zum nächsten. Zu den Aufgaben gehörten

Räucher- und Brandopfer, die Reinigung des heiligen Altarbezirkes und die Unterhaltung des heiligen Feuers auf dem Altar und der Lampen im Tempelbezirk. Die diensthabenden Priester standen vor Morgengrauen auf, vollzogen die vorgeschriebene rituelle Waschung, schlachteten ein Lamm und hielten den ersten von zwei Gottesdiensten, die täglich gefeiert wurden. Die Priester waren an ihrer weißen Kleidung zu erkennen, der Hohepriester trug dazu eine blaue Robe und darüber eine mit goldenen und roten Mustern bestickte Weste, in deren Mitte sich zwölf Edelsteine befanden.

Unter den Priestern gab es klare Rangunterschiede. Die niedrigste Stufe bildeten die Leviten. Sie waren mit einfachen liturgischen Aufgaben wie Gesang und Assistenz bei den Opfern betraut. Über ihnen standen die Priester, die sich nach Aaron nannten. Die oberste Priesterkaste gehörte zum jüdischen Adel. Sie berief sich auf die Abstammung von dem berühmten Hohenpriester Zadok, der unter den Königen David und Salomo an der Spitze des Tempels gestanden hatte. Zur Zeit Jesu wurden diese Zadokiden in der üblich gewordenen lateinischen Fassung Sadduzäer genannt. Die Sadduzäer bildeten auf allen Gebieten der Gesellschaft die Oberschicht. Sie stellten nicht nur Priester, sondern auch Kaufleute und Landbesitzer. Geprägt durch den Tempeldienst, hatten sie eine teilweise ultrakonservative Haltung. Von den heiligen Büchern erkannten sie nur die fünf Bücher Mose an. Sie nahmen die darin enthaltenen jüdischen Gesetze wörtlich und legten sie traditionalistisch aus. Die Prophetenbücher spielten für sie dagegen eine untergeordnete Rolle. Auch glaubten sie nicht an die Auferstehung. Die Sadduzäer waren Fundamentalisten und in keiner Weise bereit, sich religiösen Reformen gegenüber zu öffnen. So sind sie mit der Zerstörung des zweiten Jerusalemer Tempels untergegangen.

Das Ansehen des Tempels hatte immer wieder unter Machtmissbrauch, Ämterkauf, Verweltlichung und Verlust der spirituellen Würde gelitten. So erzählt das Zweite Buch der Makkabäer (4.7–22) von dem Hohepriester Jason, der seine Zeit lieber mit Diskuswürfen und Kampfspielen verbrachte. Statt religiöser Erziehung förderte er persönlich die Ausbildung der Jugendlichen zu Wettkämpfern und ließ sogar eine Kampfbahn errichten. Amt und Person wurden auch zur Zeit Jesu in Misskredit gebracht. Der Hohepriester verkörperte einst ein typisch jüdisches theokratisches Ideal heiligen Lebens, jetzt war er nur ein Spielball der Politik. Und dennoch waren der Tempel und sein Kult noch immer das große Symbol der Einheit.

Das spirituelle Erwachen im Tempel führte zu einer Idealisierung dieses zentralen Kultortes. Noch achtzehn Jahre später fühlt sich Jesus berufen, an dem Ort, den er für sein Vaterhaus hält, für Ordnung zu sorgen. Er stößt die Tische der Händler um, macht sich aus Stricken eine Geißel, treibt mit ihr die Geldwechsler, Viehhändler und Souvenirverkäufer aus dem Tempel und wirft ihnen vor, sie hätten aus dem Haus des Gebetes eine Räuberhöhle gemacht. Natürlich ist die Tempelaufsicht sofort zur Stelle, vielleicht auch führende Sadduzäer, und sogar der Hohepriester. Am liebsten würden sie den Störenfried beseitigen. Doch das Volk stellt sich teilweise auf seine Seite. Diplomatie ist also gefordert. Es kommt zu Diskussionen. Was berechtigt Jesus zu diesem frommen Gotteseifer? Welche Legitimation kann er vorweisen? So direkt gefragt, gibt Jesus eine kühne Antwort: Man solle den Tempel abreißen. Er werde ihn in drei Tagen wieder neu errichten. Das klingt nicht nur unglaubwürdig, sondern lächerlich, wie die Erwiderung der Zuhörer zeigt: »Dieser Tempel ist in sechsundvierzig Jahren erbaut worden, und du willst ihn in drei Tagen aufrichten?« (Johannes 2.20)

Die Tempelreinigung war als religiöses Ritual der Erneuerung gedacht gewesen. Sie löste erhebliche Widerstände in der Oberschicht aus. Nun war klar: Hier gab es nichts mehr zu reformieren, hier war nur noch ein Abriss dieser alten überlebten Traditionen gefordert. Den alten Tempel abreißen und einen neuen Tempel aufbauen – das war natürlich nicht wörtlich zu nehmen, sondern ein Bildwort. Es sprach vom Tempel des Leibes (Johannes 2.1) als dem neuen Kultort. Hier ist Gott gegenwärtig. Er wohnt nicht in Häusern aus Stein, auch nicht in prächtigen Tempelgebäuden, sondern im Tempel des Herzens.

3 Johannes der Täufer: Der Wegbereiter

Wer war Johannes?

Johannes und Jesus waren miteinander verwandt. Anna, Jesu Großmutter mütterlicherseits, und Esmeria, die Großmutter des Johannes, waren Schwestern. Lukas eröffnet sein Evangelium mit einer Parallelbiografie. Denn kunstvoll in die Erzählung von der Geburt Jesu eingeflochten ist die Geschichte des Täufers. Zuerst kündigt Gabriel seine Geburt an. Sein Vater Zacharias war Priester. Er verrichtete gerade das Räucheropfer auf dem Altar des Tempels in Jerusalem, da erschien der Engel der Geburt. Zacharias und Elisabeth, beide betagt und kinderlos, wünschten sich Nachkommen und litten unter der Unfruchtbarkeit. Diese galt als Stigma, besonders für einen Priester. Wie Sara und Abraham im fortgeschrittenen Alter noch einmal Eltern wurden, so hofften auch Elisabeth und Zacharias auf ein kleines Wunder. Als Gabriel erschien und die Erfüllung ihrer Gebete verkündigte, wurde Zacharias skeptisch. Der Engel aber ließ ihn verstummen bis zu dem Tag der Geburt des Kindes. Sechs Monate nach der Begegnung zwischen Zacharias und Gabriel geschah die Verkündigung an Maria. Unmittelbar danach suchte Maria ihre Cousine Elisabeth auf. Maria wohnte in Nazaret, Elisabeth in einem Ort mit dem poetischen Namen »Quelle des Weinberges« (En Kerem). Auf einem Felsplateau wurde hier später von byzantinischen Christen eine Kirche zu Ehren des Johannes errichtet. Weil er auch Jesus taufte, wird Johannes von den Christen der Ostkirche als Ioannis Prodromos, Johannes der Vorläufer, verehrt. Als sich die beiden Schwangeren begegnen, bewegt sich der kleine Johannes im Mutterleib. Elisabeth deutet diese Bewegung als Zeichen. Sie erkennt, dass auch Maria schwanger ist. Der Engel hatte auch hier das Schicksal des Kindes vorhergesagt: Johannes werde seinen Eltern viel Freude und Wonne bereiten, er werde vom Geist Gottes durchdrungen sein und keinen Alkohol zu sich nehmen. Die Kraft des Propheten Elia werde ihn erfüllen, damit er das Volk auf eine neue Begegnung mit Gott vorbereiten könne. Und schon vom Mutterleib an werde Johannes mit heiligem Geist erfüllt sein. Dass dies keine leeren Worte waren, hatte die Begegnung der beiden Mütter gezeigt.

Der jüdische Name des Täufers lautete Jochanan ben Zacharja. Auch ihn hatte der Engel vorgegeben. Johannes bedeutet »Gott ist gnädig«. In der Familie des Zacharias war er nicht üblich, doch allgemein durchaus verbreitet. Johannes hießen der Lieblingsjünger Jesu, der vierte Evangelist und der Seher der Apokalypse, dessen Offenbarung als letztes Buch in die Bibel aufgenommen wurde. Um ihn von den anderen Männern mit gleichem Namen abzugrenzen, trug Johannes später den Beinamen »der Täufer«. Als Johann Baptist, Giovanni Battista, Jean Baptiste, John the Baptist ist er überall in der christlichen Welt als letzter der Propheten bekannt. Die Beliebtheit von Namen sagt auch etwas über die Erwartungen der Elterngeneration aus. »Gott ist gnädig« – wer wünscht seinem Kind nicht die Gnade Gottes? Wie Maria, so stimmt auch Zacharias einen Lobgesang an. Er beginnt mit den Worten: »Gelobet sei der Herr«, »Benedictus Dominus«. Dieser Gesang ist unter dem Namen Benedictus in der langen Geschichte des Christentums lebendig geblieben. Die Mönche und Nonnen singen ihn jeden Morgen zur Laudes (Morgengebet).

Warum ging Johannes in die Wüste?

Johannes war ein religiöser Aussteiger. Er zog sich in die Einsamkeit der Wüste zurück. Wann dies geschah, wissen wir nicht. Der Kirchenvater Augustin vermutete, dass Johannes im Alter von sieben Jahren die Wüste aufsuchte. Diese Altersangabe ist wenig glaubwürdig. Obwohl Augustin der Vater eines unehelichen Sohnes war, hatte er von der Entwicklungspsychologie eines Kindes keine Ahnung, denn was sucht ein Siebenjähriger in der Wüste? Denkbar ist jedoch, dass Johannes bereits in jungen Jahren Vollwaise wurde, denn seine Eltern waren beide hoch betagt. So wurde auch vermutet, der kleine Johannes sei in einer religiösen Sekte aufgewachsen.

Der Zeitgeist war erfüllt von Erlösungsvisionen. An vielen Orten des Landes, auf Bergen und am Toten Meer, in den Wüsten und in Höhlen lebten Männer, die auf der Suche nach einer neuen Spiritualität waren. Der Kult im Tempel schien ihnen überholt. Sie suchten, was wirklich trägt, auch dann, wenn das Ende der Welt kommt. Die berühmteste jüdische Sekte waren die Essener. Sie hatten sich in die Wüste am Toten Meer zurückgezogen. In Qumran lebten sie völlig isoliert von den anderen Juden. Noch stärker, als es die Priester forderten, achteten sie auf die peinlich genaue Befolgung der Reinheitsgesetze. Mehrfach am Tag reinigten sie sich mit rituellen Tauchbädern. Ihr geistliches Oberhaupt trug den Titel »Lehrer der Gerechtigkeit«.

Die Essener bildeten eine reine Männergesellschaft. Die Ehelosigkeit war eines ihrer Ideale, denn Frauen galten bei ihnen als unrein. So waren bei dieser Sekte die Nachwuchsprobleme vorprogrammiert. Um ihnen auszuweichen, adoptierten die Essener kleine Jungen. Johannes aber war kein Zögling dieser Sekte. Auch Jesus stand mit ihnen nicht in Kontakt, denn beide teilten weder den geradezu manischen Reinheitskult noch das Frauenbild.

Wir wissen also nicht, in welchem Alter Johannes in die Wüste ging und wie lange er dort lebte. Warum aber wählte er sich ausgerechnet die Wüste und die Gegend um den Jordan herum als Lebensraum? Diese Wahl hatte etwas zu tun mit seinen drei spirituellen Vorbildern: Moses, Elia und Elischa. Die Wüste galt seit der Zeit des Moses als Ort der religiösen Erneuerung, und über den Fluss Jordan hatten die zwölf Stämme Israels nach einer vierzigjährigen Wüstenwanderung das gelobte Land betreten. In einem langen spirituellen Prozess war auch Johannes zu einem religiösen Lehrer gereift. Menschen suchten seinen Rat und ließen sich von ihm im Wasser des Jordan taufen.

Johannes predigte von einem Zeitalter der Erlösung. Alle Menschen werden den Heiland sehen. Dieser Heiland war unter verschiedenen Namen bekannt. Die Juden nannten ihn Messias, die Griechen später Christus. Vom Heiland hatten die alten Propheten, allen voran Jesaja, gesprochen. Er werde ein nie endendes Friedensreich errichten. Doch wo lag dieses neue Paradies? Und wann würde es kommen? Die Propheten hatten einen Blick in die Zukunft geworfen. Aber welchen Frieden hatten sie gemeint? Den Frieden des Herzens? Den Frieden aller Völker der Erde? Den Frieden Gottes? Und hatten sie von einem Friedensreich gesprochen, das der Heiland hier auf Erden errichten werde, oder sahen sie ein Friedensreich jenseits der Zeitmauer in ferner Zukunft? Die Erwartungen an sein Kommen waren durchaus unterschiedlich. Einige erhofften sich soziale Gerechtigkeit, andere erwarteten von ihm einen politischen Befreiungsschlag gegen die römische Besatzungsmacht, wieder andere sahen seine Aufgabe ausschließlich in einer spirituellen Befreiung der Seele.

Dem Heiland, so glaubte man, ginge als Vorbote der Prophet Elia voraus. Im religiösen Streit mit den Propheten der Götter Baal und Aschera hatte er 850 Propheten eigenhändig getötet (1. Könige 18,40). Dieser Haudegen war auch ein Wundertäter. So konnte er wie Moses das Wasser eines Flusses teilen. Unter den Juden galt er als unsterblich. Ein feuriger Wagen mit feurigen Rossen sei gekommen und habe Elia in den Himmel entführt (2. Könige 2,11). Der erste Nachfolger des Elia war der Prophet Elischa. Ihm hatte Elia seinen wundertätigen Prophetenmantel vererbt, mit dem Elischa die Wasser des Jordan teilen konnte. Im Jordan wurde auf Rat des Elischa auch der hautkranke Feldhauptmann Naaman durch siebenmaliges Untertauchen im Wasser von seiner Krankheit geheilt (2. Könige 5,1–27).

Der Geist dieses feurigen Elia loderte auch in Johannes. Viele hielten ihn für den wiedergeborenen Elia (Elia redivivus). Auch Jesus war davon überzeugt. Seine Aussage ist eindeutig: »Er ist der Elia, der da kommen soll.« (Matthäus 11.14) Am Rande der Wüste predigte er (Lukas 3.1–22) von der Sünde und der Erneuerung des Geistes: Der alte Mensch müsse sterben, damit ein neuer geboren werden könne. Als symbolischen Ausdruck dieser spirituellen Neugeburt übte Johannes die Taufe im Jordan. Viele Zeitgenossen spürten in sich das Bedürfnis nach Erneuerung und suchten den Mahner in der Wüste auf. Allein seine äußere Gestalt war eindrucksvoll und befremdlich zugleich. Von hagerer Gestalt, abgemagert durch das Leben in Enthaltsamkeit, sich nur von wildem Bienenhonig, dem süßen Most der Dattelpalme und von Heuschrecken ernährend, trat er der Menge in einem abgewetzten Burnus aus rauhem Kamelhaar und gegürtet mit einem Gürtel aus Gazellenleder gegenüber. Wer jetzt noch glaubte, mit einem Reinigungsbad im Jordan sei auch die Seele gereinigt, der hatte den Propheten der Wüste verkannt. Johannes schrie die Bußfertigen an: »Ihr Schlangenbrut, wer hat denn euch gewiss gemacht, dass ihr dem künftigen Zorn entrinnen werdet?«

Der Heiland, den Johannes vor Augen hatte, war kein duldsames Opferlamm, kein sanfter Friedensfürst, sondern ein zorniger Richter. Er ließ sich nicht von Äußerlichkeiten blenden, er sah in die innersten Kammern der Seele eines jeden Menschen. Wer nicht eine aufrichtige innere Buße und Erneuerung der Gesinnung mit dem äußeren Taufbad verband, wer seinen Worten nicht Taten folgen ließ, wer nicht rechtschaffene Früchte brachte, der war ein unfruchtbarer Baum und gehörte abgeholzt. »Es ist schon die Axt den Bäumen an die Wurzel gelegt. Jeder Baum, der nicht gute Frucht bringt, wird abgehauen und ins Feuer geworfen.« Das waren klare Worte, und sie trafen offenbar den Nerv der Zeit, denn wer beugt sein Haupt, wenn er nicht spürt: Hier ist kein Schwätzer, kein Guru, der nur an seinen eigenen Vorteil denkt, sondern dieser Mann spricht die nackte Wahrheit aus. So bildete sich um Johannes ein Kreis von Jüngern. Die Menschen am Jordan fragen den Bußprediger nach konkreten Verhaltensweisen. »Was sollen wir denn tun?« Auch hier sind die Worte des Johannes eindeutig: »Wer zwei Hemden hat, der gebe dem, der keines hat; und wer zu essen hat, tue ebenso.« Zöllner und Soldaten sind auch unter der Menschenmenge. Auch sie suchen den Geist der spirituellen Erneuerung. Beide Berufsgruppen gelten als kultisch unrein, denn beide haben täglichen Kontakt zu der römischen Besatzungsmacht. Darf man Soldat sein und zugleich vom Reich des Messias träumen? Darf man als Zöllner in Finanzgeschäfte verstrickt sein, Leute übers Ohr hauen und zugleich von der Zukunft einer neuen Zeit träumen? Muss nicht der Wehrdienst verweigert werden, und müssen nicht alle Geldgeschäfte ruhen? Johannes sagt den Zöllnern: »Fordert nicht mehr, als euch vorgeschrieben ist!« Und zu den Soldaten spricht er: »Tut niemandem Gewalt oder Unrecht und lasst euch genügen an eurem Sold.« Johannes ist kein politischer Umstürzler. Aber seine Botschaft hatte eine unüberhörbare politische Dimension. Er forderte keine Abschaffung des römischen Zollwesens, und er verlangte keine Umschmiedung der Schwerter zu Pflugscharen, aber er forderte Recht, Gerechtigkeit und moralische Integrität von jedermann. Auch von König Herodes, dem Landesfürsten. Das sollte Johannes später den Kopf kosten.

Wer ist dieser Mann wirklich? Das fragten sich viele Zeitgenossen. Vielleicht ist er selbst der Heiland? Johannes sagt: »Ich aber taufe euch mit Wasser; es kommt aber einer, der ist stärker als ich, und ich bin nicht wert, dass ich ihm die Riemen seiner Schuhe löse; der wird euch mit dem heiligen Geist und dem Feuer taufen.« Jetzt, dreißig Jahre nach der Geburt von Jesus und Johannes, erfüllt sich die Prophezeiung des Engels Gabriel. Wie schon als Kind im Mutterleib, so weist Johannes auch jetzt auf denjenigen hin, der größer sein wird als er selbst. Welche Erwartungen Johannes an Jesus knüpft, spricht er deutlich aus: »In seiner Hand ist die Worfschaufel, und er wird seine Tenne fegen und wird den Weizen in seine Scheune sammeln, die Spreu aber wird er mit unauslöschlichem Feuer brennen.«

Das Berufungserlebnis Jesu

Als Zwölfjähriger hatte Jesus im Tempel von Jerusalem ein Schlüsselerlebnis. Er entdeckte seine besonderen Talente, erlebte sein spirituelles Erwachen und ahnte nun seine geistliche Berufung. Aber Talente wollen nicht nur entdeckt sein, sie brauchen die Förderung durch Freunde und spirituelle Lehrer, denn auch die geistliche Berufung muss wachsen und reifen, bevor sie wirksam werden kann. Religiöse Führer fallen nicht vom Himmel. Vielleicht folgen sie stärker als normale Menschen ihrer inneren Stimme, aber sie müssen sich wie wir entwickeln. Im Alter von dreißig Jahren lässt sich Jesus am Jordan taufen. Noch ist er sich seiner Berufung nicht sicher. Wie viele Menschen zwischen dem dreißigsten und vierzigsten Lebensjahr wird auch er gespürt haben, wie sich jetzt das Leben verdichtet. Nun ist die Zeit des Durchbruchs gekommen. Jetzt tritt deutlich hervor, was in uns angelegt ist. Jetzt erkennen wir in voller Klarheit unsere Licht- und Schattenseiten, unsere Talente und auch das, was uns versagt geblieben ist. In der Biografie vieler religiöser Menschen ist dieses Lebensalter seit jeher mit zentralen Berufungserlebnissen verknüpft: Jakob kämpft mit dem Engel am Jabbok, Mohammed ringt mit Gabriel um seine Berufung in der Höhle von Hira, Buddha erfährt die Erleuchtung unter dem Bodhi-Baum.

Jesus lässt sich also von Johannes taufen. Die Tauftechnik wird nicht beschrieben. Denkbar ist, dass Jesus mehrfach in den Wassern des Jordan vollständig untertauchte. Vielleicht schöpfte Johannes aber auch das Taufwasser mit seinen Händen aus dem Fluss und goss es über Jesus, vielleicht benutzte er sogar tatsächlich eine Taufmuschel, wie sie in der künstlerischen Darstellung der Taufe später immer wieder zu sehen ist. Auch von Engeln als Taufpaten ist nur in der Kunst, nicht aber in der Bibel die Rede. Eines aber ist gewiss: Im Moment der Taufe hatte Jesus das zentrale Schlüsselerlebnis seines Lebens. Plötzlich durchfuhr es ihn. Ahnung wandelte sich in Gewissheit. Er war sich nun seiner Berufung sicher. Geist Gottes erfüllte ihn, durchdrang ihn in jeder Faser seines Wesens und wandelte sie zur Klarheit. Der Himmel öffnete sich, Licht der Erleuchtung senkte sich auf Jesus. Eine Taube war plötzlich am Himmel und senkte sich auf ihn hernieder. Jesus sah und staunte. Und er hörte eine Stimme, die sagte:

»Du bist mein lieber Sohn, an dir habe ich Wohlgefallen.« (Lukas 3.22)

Welcher Vater spricht solche Worte der Liebe zu seinem Sohn? Später auf dem Berg Tabor werden sie wiederholt werden. Sie gehen durch und durch. Du bist geliebt! An dir habe ich Wohlgefallen! Seit frühester Kindheit spürte Jesus die Liebe Gottes in seinem Herzen, seit dem Erlebnis im Tempel ahnte er seine Berufung, jetzt aber hatte er die Stimme Gottes gehört. Die Augen des Herzens hatten die Taube gesehen, und die Ohren des Herzens hatten Gottes Liebesbezeugung vernommen. Er war von Gott angenommen worden als Sohn! Gott hatte ihn adoptiert! Seit wann ist Jesus Gottes Sohn? Seit der Taufe, seit seiner Adoption, sagt Lukas hier. Aber hatte nicht gerade er von der jungfräulichen Empfängnis des göttlichen Kindes gesprochen? Wie verträgt sich das? Es verträgt sich sehr gut, denn mit der Taufe wird sich Jesus seiner selbst bewusst.

Die Taufe am Jordan wurde zu seinem Berufungserlebnis. Jetzt war seine Zeit gekommen. Jesus blieb nicht bei seinem Lehrer Johannes. Er wurde nicht sein Jünger. Durchdrungen von der Liebe Gottes wollte er schon mit seiner Mission beginnen und rufen: »Lasst euch von der Liebe Gottes verwandeln!« Doch da trat eine dunkle Macht an seine Seite.

Warum wurde Jesus vom Teufel versucht?

Es gibt keine Berufung ohne die Berührung mit der anderen, der dunklen Seite unseres Wesens. Denn wo das Licht aufleuchtet, da wird auch der Schatten sichtbar. Die

Schattenseite der Erwählung ist die Überheblichkeit. Die Schattenseite der Macht ist der Machtmissbrauch. Die Schattenseite des Erfolgs ist die Maßlosigkeit. Wie viele Stars, Sportler und Politiker, die heute im Licht der Öffentlichkeit stehen, stürzen morgen über die Fallstricke der Eitelkeit, der Unmäßigkeit und der Zügellosigkeit. Noch höher als an sie sind unsere Erwartungen an einen spirituellen Lehrer. Er ist ein sittliches Vorbild. Der Lehrer sollte seine Schattenseite erkannt haben. Er soll sie beherrschen, nicht sie ihn.

So wird Jesus von Gott in die Wüste geführt. Hier bereitet er sich in einem vierzigtägigen Fasten auf sein öffentliches Wirken vor. Was ihm bisher an Selbsterkenntnis verborgen gewesen war, das wird jetzt im Buch der Seele lesbar. Vierzig Tage fasten, vierzig Tage kein fremdes Gesicht, keine Gespräche, keine Ablenkung – da öffnet sich der Raum des Herzens. Stimmen aus der Tiefe der Seele werden hörbar, Stimmen der Versuchung. Du bist mein lieber Sohn, hatte Gott gesagt. Die Stimme der Versuchung entgegnet: Vielleicht war dein Berufungserlebnis nur Einbildung. Wenn du wirklich Gottes Sohn bist, dann verwandle diese Steine in Brot. Die Stimme Gottes hatte gesagt: An dir habe ich mein Wohlgefallen. Die Stimme der Versuchung entgegnet: Was suchst du eine Liebe, die nicht von dieser Welt ist? Schau auf die großen Königreiche dieser Welt. Hier sind die Macht und die Herrlichkeit. Bete mich an, und sie sind dein. Gott hatte Jesus in die Einsamkeit der Wüste geführt. Die Stimme der Versuchung aber spricht: Tritt heraus aus der Verborgenheit, zeige dich öffentlich in einer spektakulären Aktion. Wenn du Gottes Sohn bist, dann spring von der Zinne des Tempels, damit alle deine Berufung erkennen. Jesus aber begeht keinen Verrat an seiner Berufung. Worin bestand die Versuchung Jesu? Sie lag darin, seine göttliche Macht vor der Zeit zu enthüllen. Die Stimme der Versuchung hat einen Namen. Sie heißt Satan, Teufel oder auch Widersacher. Die Versuchung in der Wüste ist das Vorspiel zu immer neuen Begegnungen mit dieser dunklen Macht. Der Versucher aber kommt von Gott. Jesus wusste genau, was er sagte, wenn er später im Vaterunser Gott bat: »Führe uns nicht in Versuchung!« Vorerst aber weicht der Versucher, und die Engel kommen und dienen Jesus. Nun betritt er den Raum der Öffentlichkeit.

Sollte Jesus ermordet werden?

Das teuerste Bild aller Zeiten stammt von Peter Paul Rubens (1577–1640). Es zeigt den Kindermord von Bethlehem. Zum Preis von 77 Millionen Euro wurde »Das Massaker der Unschuldigen« (»The Massacre of the Innocents«) am 11. Juli 2002 vor 1600 Zuschauern im Londoner Auktionshaus Sotherby's versteigert. Der Käufer wollte unerkannt bleiben. Unbekannt bleibt auch, warum er so viel Geld für ein Bild ausgab, auf dem Mütter und Väter in verzweifeltem Kampf gegen bewaffnete Soldaten gezeigt werden, die ihre Kinder ermorden wollen. Kinderleichen liegen im Vordergrund des Bildes auf dem Boden. Auf der rechten Seite ist ein Mann zu sehen, der ein Kind an den Beinen ergriffen hat und gerade dazu anhebt, es mit großem Schwung gegen einen blutigen Pfeiler zu schlagen.

Rubens malte eine grauenhafte Szene aus der Kindheit Jesu. Der Evangelist Matthäus hatte berichtet: Aufgeschreckt durch den Besuch der Weisen aus dem Morgenland, habe König Herodes in Jesus einen möglichen Konkurrenten gesehen und ihn aus diesem Grund ermorden wollen. Josef sei daraufhin durch einen Engel im Traum gewarnt worden und mit seiner kleinen Familie in einer

Nacht- und Nebel-Aktion ins ägyptische Ausland geflohen. So sei Jesus dem Kindermord entgangen, den Herodes befohlen hatte. Sämtliche Jungen bis zum Alter von zwei Jahren seien in und um Bethlehem getötet worden. Josef, Maria und Jesus seien erst nach dem Tod des Herodes aus ihrem ägyptischen Exil nach Nazaret zurückgekehrt. Ob Herodes diese schreckliche Metzelei befohlen hat, das wird von vielen Geschichtsforschern bestritten. Bei aller Übertreibung aber malt die Legende im Kern wohl ein zutreffendes Bild des Königs und der politischen Situation zur Zeit der Geburt Jesu. Ägypten war für damalige Ohren mehr als der Name des Nachbarlandes am Nilstrom. Es war zu einem Symbol für Tyrannei geworden. In der Fremde Ägyptens hatten die Vorväter Jahrzehnte, wenn nicht gar Jahrhunderte gelebt. Der Pharao hatte einen Auftrag zum Kindermord gegeben (Exodus 1.22–2.10), bis sie durch Moses aus der Sklaverei in die Freiheit geführt worden waren.

Viele Zeitgenossen Jesu aber fragten sich: Was war unter König Herodes aus dem gelobten Land geworden? Die Antwort lautete: Ein Raum der Unfreiheit! Die Heimat war zur Fremde und zum Sklavenhaus geworden. Herodes war der neue Pharao, und Jesus der neue Moses! Diesmal war Palästina das Land, aus dem man flüchtete. Lieber in der Fremde leben als im eigenen Land. Dieses Flüchtlingsschicksal wiederholt sich bis auf den heutigen Tag überall im Orient und in anderen Teilen der Welt. Und darin liegt wohl die Wahrheit der Geschichte vom Kindermord des Herodes. Die Geschichte von der Flucht Jesu nimmt auch im Bild die spätere Entwicklung der Jesusbewegung vorweg: Mit Jesus beginnt der Auszug aus dem Judentum.

Wie sahen nun die politischen Verhältnisse zur Zeit Jesu aus? Jeder kennt die Namen Kaiser Augustus, König Herodes, Herodes Antipas und Pontius Pilatus. Wer aber waren sie? Das Land, in dem Jesus geboren wurde, war im Lauf der Jahrhunderte immer wieder von fremden Mächten erobert worden. Seit der Besetzung durch Kaiser Pompejus im Jahr 65 vor Christus unterstand es dem römischen Herrschaftsbereich und trug den Namen Palästina. Für den jüdischen Teil der Bevölkerung hatte er keinen guten Klang. Der Name Palästina leitete sich ab von den Philistern, den einstigen Gegnern der jüdischen Könige. Ihr Siedlungsraum waren vor allem die Küstenstädte am Mittelmeer.

Die Weltmacht Rom regierte den gesamten Mittelmeerraum. Durch Anbiederung, Machtpolitik und brutale Härte gegen politische Gegner im eigenen Land sicherte König Herodes (37–4 vor Christus) seine Herrschaft. Im eigenen Volk galt er als Nichtjude, denn er entstammte der Provinz Idumäa, die vom Königsgeschlecht seiner Vorgänger zwangsweise zum Judentum bekehrt worden war. Herodes' Vater gehörte zur Gemeinde der Zwangsbekehrten. Er heiratete Kypros, die Tochter eines arabischen (nabatäischen) Fürsten. Vor Herodes regierte die Dynastie der Makkabäer (Hasmonäer) von Simon (143–135 vor Christus) bis zu seinem unmittelbaren Vorgänger Antigonus (40–37 vor Christus). Ihr Herrschaftsverständnis war theokratisch. Politik und jüdischer Glaube, politische und religiöse Gesetzgebung bildeten eine Einheit. Die Königsfamilie stellte zugleich den politischen Führer und den obersten religiösen Richter, den Hohepriester im Tempel von Jerusalem. Herodes Antipater, der Vater des späteren Königs Herodes, war Hausverwalter des Hohepriesters Hyrkanus. Er besorgte seinem Sohn den Posten eines Stadthalters von Galiläa, wo sich der junge Herodes durch die rigorose Verfolgung von Räubern und politischen Gegnern bald einen Namen machte, der auch im fernen Rom gehört wurde. Herodes reiste in die Welthauptstadt und erreichte im Senat seine Einsetzung als neuer König der römischen Provinz Palästina. Im Jahr 39 vor Christus landete er in der Hafenstadt Akko, sammelte ein Heer, eroberte zuerst Galiläa und anschließend mit römischer Hilfe auch Jerusalem.

Der Sohn mithin einer nichtjüdischen Mutter und eines zwangsbekehrten Vaters wurde von den Juden abgelehnt, ja gehasst. Herodes reagierte mit politischem Druck und taktischem Gespür. Als Provinzkönig saß er zwischen den Stühlen. Er musste Rom gegenüber gehorsam sein und zugleich den religiösen Bedürfnissen der jüdischen Bevölkerung entgegenkommen. Er tat dies, indem er das Zentralheiligtum der Religion, den Tempel von Jerusalem, prachtvoll ausbauen ließ. Der Tempel wurde im Zentrum eines riesigen, von Säulenhallen geschützten Wandelganges errichtet. Im äußeren Hof durften sich auch Nichtjuden aufhalten. Der innere Bezirk war den Juden vorbehalten. Er versuchte sich auch ein Image als Förderer des Judentums aufzubauen, indem er weitere heilige Stätten mit Bauwerken schmückte. Dazu gehören der Hain in Mamre, wo nach jüdischem Glauben drei Engel dem Abraham erschienen waren, um ihm die Geburt des lang ersehnten Erben Isaak anzukündigen, und die heiligen Gräber der Patriarchen in Hebron.

Zugleich beschnitt Herodes die theokratischen Ansprüche der Priester. Der so genannte Hohe Rat (hebräisch: Sanhedrin, griechisch: Synedrium) bildete das höchste Gremium der Juden. Er setzte sich zusammen aus dem Hohepriester, der auch den Vorsitz führte, den Ältesten, weitgehend Mitgliedern der Aristokratie, und den Schriftgelehrten. Die 71 Mitglieder beanspruchten, die höchste politische und religiöse Instanz im Land zu sein. Herodes setzte sich gegen diese ehrwürdige Institution mit brutaler Gewalt durch. Er ließ 45 Mitglieder töten und beschränkte die Entscheidungsbefugnis ausschließlich auf religiöse Fragen.

In Jerusalem ließ sich Herodes einen prachtvollen Palast errichten, sicherte die Wasserversorgung Jerusalems durch ein Aquädukt, das Wasser von zwei Quellen südlich von Bethlehem herleitete. Durch die Errichtung von hochbefestigten Militäranlagen schuf sich Herodes Zufluchtsburgen vor den Angriffen politischer Gegner. Die bekanntesten Festungen waren Masada an der Westseite des Toten Meeres und die nach seinem Namen benannte Trutzburg Herodeion. Masada galt als uneinnehmbar. Der Berg war nur über einen fünfeinhalb Kilometer langen schmalen Pfad zu erreichen. Ein System von Zisternen mit einem Fassungsvermögen von über 40000 Kubikmetern Wasser sorgte auch während langer Belagerungszeiten für die notwendige Versorgung der Soldaten des Königs. Die Burg Herodeion lag am Rande der judäischen Wüste in einem weitläufigen Sommerpalast mit Wasseranlagen und Gärten. Bei Jericho lag der Winterpalast des Königs. Der jüdische Geschichtsschreiber Flavius Josephus beschreibt den Sommerpalast mit folgenden Worten:

»Nachdem er seine Familie und seine Freunde verewigt hatte, versäumte er es nicht, sich selbst ein Andenken zu sichern. Er baute eine Festung im Gebirge, das gegen Arabien hin liegt, und nannte sie nach sich selber Herodeion. Sieben Meilen von Jerusalem entfernt gab er denselben Namen einem künstlichen Hügel, der wie eine weibliche Brust geformt ist, und schmückte ihn noch kunstvoller als die andere. Er umschloss die Spitze mit Rundtürmen und errichtete innerhalb der Mauern so kostbare königliche Paläste, dass nicht nur das Innere der Gebäude einen glänzenden Anblick bot, sondern auch die Außenmauern, Zinnen und Dächer mit verschwenderischem Reichtum überschüttet waren. Von Fern leitete er mit großen Kosten reichlich Wasser heran.«

Dass Herodes direkt neben dem jüdischen Tempel ein Theater und eine Pferde- und Wagenrennbahn errichten ließ, sahen die frommen Juden mit großer Befremdung. Durch die Straßen der heiligen Stadt strömten nun Musikanten, Artisten, Gladiatoren und Gaukler. Seinem diplomatischen Geschick folgend, lässt Herodes auch heidnische Tempel errichten, darunter Verehrungsstätten für den römischen Kaiser. Neben den jüdischen Tempel in Jerusalem tritt nun der Kaisertempel für Augustus in Caesarea. Die Hafenstadt am Mittelmeer trägt seinen Namen. Caesarea Maritima war das Tor zur Welt. In Samaria wurde zu Ehren des Kaisers Augustus die Stadt Sebaste (das griechische Wort für Augustus) neu gebaut.

Herodes schreckte vor keiner Mordtat zurück. So ließ er den alten Hohepriester Hyrkanus wegen angeblichem Hochverrat töten. Auf Wunsch seiner Frau Mariamne wurde ein Verwandter, der erst siebzehnjährige Aristobul, ins höchste religiöse Amt gesetzt. Er übte es nicht lange aus: Anlässlich eines Festes verführte Herodes den jungen Priester zu übermäßigem Alkoholgenuss und ließ ihn anschließend im Bad des Palastes ertränken. Seines Schwagers entledigte er sich durch den Vorwurf des Ehebruchs. Angeblich sollte Joseph ein Verhältnis zu Mariamne gehabt haben. Dann steigerte sich Herodes immer mehr in einen Verfolgungswahn: Er ließ seine Schwiegermutter und seine Frau ermorden, dann zwei seiner gemeinsamen Söhne mit Mariamne: Alexander und Aristobul waren in Rom zur Schule gegangen, um sich auf die Nachfolge im Königsamt angemessen vorzubereiten.

Zur Sicherung seiner Macht gehörte darüber hinaus eine geschickte Heiratspolitik. Herodes' Frau Mariamne entstammte der alten Königsdynastie der Makkabäer (Hasmonäer). Neben ihr hatte er neun weitere Ehefrauen. Von seinen sieben Söhnen ließ er insgesamt vier ermorden, als sie zu möglichen Konkurrenten heranwuchsen. Herodes starb in seinem Palast in Jericho. Nach dem Tod des Herodes versuchten der Priesteradel und die Pharisäer, eine

Fortsetzung dieser Monarchie zu verhindern. Vier Söhne hatte Herodes ermordet, drei stritten nun in erbitterten Kämpfen um die Nachfolge. Die Priester riefen Rom um Hilfe an und schickten eine Abordnung. Die Herodessöhne Archelaus und Herodes Antipas wurden ebenfalls in der Hauptstadt vorstellig. Der römische Kaiser Augustus schickte den bekannten Feldherrn P. Quintilus Varus. Mit Hilfe der bei Antiochia stationierten römischen Legionen eroberte er Jerusalem, schlug die blutigen Aufstände nieder und ließ 2000 Rebellen kreuzigen. (Im Jahr 9 nach Christus führte Varus drei römische Legionen in den Kampf gegen die Germanen. Sie wurden von dem Cherusker Hermann, auch Arminius genannt, vernichtend geschlagen.)

»Teile und herrsche!« So lautete wieder einmal das Motto, nach dem in Rom über das politische Schicksal Palästinas entschieden wurde. Das Land wurde in vier Regierungsbezirke geteilt. Über den Süden mit den Provinzen Judäa, Samaria und Idumäa herrschte der Herodessohn Archelaos. Sein Titel lautete Ethnarch (Volksfürst). In seinem Herrschaftsgebiet lag Jesu Geburtsstadt Bethlehem. Nach dem Matthäusevangelium muss er ebenso machthungrig wie sein Vater gewesen sein, denn als Josef im fernen Ägypten von dem Machtwechsel hört, beschließt er, nicht in die Geburtsstadt Jesu zurückzukehren.

»Als er (Josef) aber hörte, dass Archelaus in Judäa König war anstatt seines Vaters Herodes, fürchtete er sich, dorthin zu gehen. Und im Traum empfing er Befehl von Gott und zog ins galiläische Land und kam und wohnte in einer Stadt mit Namen Nazaret« (Matthäus 2.22 f.).

Das grausame Regime des Archelaus führte zu ständigen Beschwerden in Rom. So wurde dieser Sohn des Herodes bereits 6 nach Christus von Kaiser Augustus abgesetzt und nach Vienna in Gallien ins Exil geschickt. Von dieser Zeit an wurden die südlichen Provinzen Judäa, Samaria und Idumäa von einem römischen Prokurator regiert. Der Prokurator (Landpfleger), der den Prozess Jesu entscheiden sollte, hieß Pontius Pilatus (26–36 nach Christus). Drei Jahre nach dem Tod Jesu wurde er abgesetzt.

Der zweite Herodessohn hieß Philippus (4 vor – 34 nach Christus). Sein Titel lautete »Vierfürst« (Tetrarch), weil er über den vierten Teil des Landes herrschte. Es waren die nordöstlichen Gebiete von Gaulanitis (die Golanhöhen), Auranitis, Batanäa und Trachonitis. Südlich davon lag das Gebiet der Zehn Städte (Dekapolis), das von den Römern direkt verwaltet wurde. Der Landesherr Jesu nun war der Herodessohn Herodes Antipas (4 vor – 39 nach Christus). Sein Titel war Tetrarch von Galiläa und Peräa. Vor ihm wird Jesus während des Prozesses in Jerusalem stehen. Wie sein Vater Herodes I. biederte er sich den römischen Kaisern an. So nannte er den Ort am Westufer des Sees Genezareth, an dem er sich seit 20 nach Christus einen Palast errichten ließ, nach dem römischen Kaiser und Nachfolger des Augustus – Tiberias. Auch Herodes Antipas betrieb eine Heiratspolitik, die jedoch auf den Widerstand der jüdischen Bevölkerung stieß. In die Bibel eingegangen ist der Ehebruch mit seiner Schwägerin Herodias. Sie und ihre Tochter Salome betrieben die Gefangennahme und Hinrichtung Johannes des Täufers. Auch das Leben des Herodes Antipas endete in der Verbannung im fernen Gallien. Er starb in Lugdunum (Lyon).

Warum wurde Johannes enthauptet?

Johannes nahm auch König Herodes Antipas von der Kritik nicht aus. Dies imponierte dem Herrscher einerseits, und er dachte durchaus über die Mahnworte des Predigers aus der Wüste nach. Seine Frau aber trachtete Johannes nach dem Leben. So ließ ihn Herodes gefangen nehmen. Wahrscheinlich war es eine Art Schutzhaft. »Denn Herodes fürchtete Johannes, weil er wusste, dass er ein frommer und heiliger Mann war, und hielt ihn in Gewahrsam. Und wenn er ihn hörte, wurde er sehr unruhig; doch hörte er ihn gern.« (Markus 6.20) In der Nähe von Betanien am Jordan, dort, wo Johannes getauft hatte, lag eine Wüstenfestung des Herodes. Doch nicht hier in Machaerus, sondern am Königshof in Tiberias saß Johannes ein. Es war keine Isolationshaft. Johannes hielt vom Gefängnis aus regen Kontakt zu seinen Jüngern, und sie unterrichteten ihn über die weitere Entwicklung im Land.

Jesus hatte sein Werk nach dem Wüstenaufenthalt sogleich begonnen. Er predigte in den Synagogen, erzählte vom Reich Gottes und setzte seinen Kampf gegen den Teufel vor den Augen der Öffentlichkeit fort. Johannes war über Jesu Worte und Werke gut informiert. Wer aber war Jesus selbst? Hatte er ein Geheimnis? War er der Mann mit der Worfschaufel, der die Tenne fegen und die Spreu vom Weizen trennen wird? Wir wissen nicht, wie gut Johannes ihn kannte. Viele Menschen hatte er gelehrt, viele Männer und Frauen getauft. Aber wusste Johannes, dass er Jesus getauft hatte? Hatte er eine persönliche Beziehung zu ihm entwickelt, oder war Jesus in der Masse der Ratsuchenden namenlos geblieben? In jedem Fall bildete die Taufe nur für Jesus selbst ein Schlüsselerlebnis. Johannes hatte weder die Taube gesehen noch die Stimme vom Himmel gehört. All dies hatte sich in Jesus selbst abgespielt. Deshalb schickte Johannes über seine Jünger eine Anfrage an Jesus: »Bist du es, der da kommen soll, oder sollen wir auf einen anderen warten?« Johannes hatte vom Kommen des Heilands gesprochen. Ob Jesus der erwartete Messias war, das konnte auch ein Johannes nicht wissen. Jesus aber antwortete den Jüngern des Johannes: »Geht hin und sagt Johannes wieder, was ihr hört und seht: Blinde sehen und Lahme gehen, Aussätzige werden rein und Taube hören, Tote stehen auf, und Armen wird das Evangelium gepredigt, und selig ist, wer nicht an mir Anstoß nimmt.« (Markus 11.3–6)

Dann kam der Tag des Grauens. Herodes hatte die lokale Prominenz zu seiner Geburtstagsfeier eingeladen. Es war wie üblich ein Männerkreis. Alle sprachen dem Wein reichlich zu. So war Herodes bereits angeheitert, als seine Stieftochter Salome den Festsaal betrat und vor den Augen der Geburtstagsgäste einen orientalischen Tanz aufführte. Die Männer begleiteten ihn mit Händeklatschen. Vielleicht bewegte sich Salome tatsächlich so verführerisch, wie es später die Künstler darstellen sollten. Gewiss folgten dem Tanz ein brausender Applaus und zustimmendes Nicken in Richtung des Geburtstagskindes. Herodes, glücklich, für wenige Stunden alle politischen Probleme und auch die Sorgen um die Zukunft des inhaftierten Johannes verdrängen zu können, vergisst sich und spricht leichtsinniger Weise zu Salome: »Erbitte von mir, was du willst, ich will dir's geben.« »Wirklich alles? Darf ich mir wirklich alles wünschen?«, wird Salome gefragt haben. Doch Herodes beteuert unter Eid: »Was du von mir bittest, will ich dir geben, bis zur Hälfte meines Königreiches.« Die gerissene junge Frau verlässt den Saal, die Männer bleiben allein zurück, gespannt darauf, welchen Wunsch Salome äußern wird. Sie geht derweil zu ihrer Mutter und fragt sie: »Was soll ich bitten?« Herodias überlegt nicht lange: »Das Haupt Johannes des Täufers.« Salome läuft eilig in den Saal zurück und spricht ihren Wunsch sogleich aus: »Ich will, dass du mir gibst, jetzt gleich auf einer Schale, das Haupt Johannes des Täufers.« Da ist Herodes auf einen Schlag nüchtern. Mit dieser Bitte hatte er nicht gerechnet. Er sieht sich unter den Gästen um und weiß, er steht Salome gegenüber im Wort. Niemand bittet für Johannes um Erbarmen. So schickt der König den Henker zu Johannes ins Gefängnis. Wenige Minuten später kehrt er mit dem Kopf des Predigers zurück. Er präsentiert ihn auf einer Schale und überreicht sie dem Mädchen. Salome verschwindet durch die Tür und überreicht das grauenhafte Geschenk ihrer Mutter. Später kamen die Jünger des Johannes und erbaten seinen Leichnam, damit sie ihn beisetzen konnten (Markus 6.14–29).

Einen Propheten kann man einsperren, foltern oder gar ermorden, aber der Geist, der aus ihm sprach, weht, wo er will. Denn wenn es der Geist der Wahrheit und der Menschlichkeit war, dann ist er unsterblich. Als Jesus in der Öffentlichkeit auftrat und von Umkehr predigte, da dachten viele Menschen, er sei der wiedergeborene Johannes. »Der Täufer ist von den Toten auferstanden!«, hieß es. Auch Herodes kamen diese Gerüchte zu Ohren. Er soll gesagt haben: »Es ist Johannes, den ich enthauptet habe, der ist auferstanden.« (Markus 6.16) Andere überliefern dagegen den Ausspruch: »Johannes, den habe ich enthauptet, wer aber ist dieser, über den ich solches höre? Und er begehrte ihn zu sehen.« (Lukas 9.9) Drei Jahre später wird es zur ersten und einzigen Begegnung zwischen Herodes und Jesus kommen. Jesus wird sie nicht überleben.

4 Wunder: Alles ist möglich dem, der glaubt

Warum gilt ein Prophet nichts im eigenen Land?

Wir werden älter, wir sammeln Erfahrungen, wachsen und verändern uns. Neue Menschen treten an unsere Seite und werden unsere Wegbegleiter. Doch warum haben alte Freunde, Verwandte, Partner und selbst die eigenen Kinder oftmals Probleme, wenn wir uns verändern? Aus der Kindheit oder Jugendzeit haben sie ein bestimmtes Bild von uns. Darauf werden wir nun festgenagelt. Nicht anders war es, als Jesus seine Berufung entdeckt hatte. In Nazaret kannte man ihn als wissbegierigen Schüler und als Sohn des Zimmermanns Josef. Von einem Sohn Gottes wollte man nichts wissen.

Staunen, Verwunderung und Ärgernis begleiteten das erste öffentliche Auftreten Jesu. Auf der einen Seite hatte Jesus große Erfolge. Die Menschen hingen an seinen Lippen. Sie spürten: Dieser Mann ist echt! Er betet nicht nur Angelesenes nach. Er spricht aus eigener Erfahrung. Seine Zuhörer waren voller Hunger nach spiritueller Nahrung, und Jesu Worte waren ihnen eine Seelennahrung. Und während sie seine Botschaft aufsaugten wie ein trockener Schwamm das Wasser, spürten sie eine große Zuversicht in sich wachsen. Dieser Mann kann alles. Er heilt die Seele ebenso wie den Körper. So fühlten sie sich zu ihm hingezogen, ja sie trauten ihm Wunder zu.

In seiner Heimatstadt Nazaret stieß Jesus dagegen auf Ablehnung. Er wurde »gemobbt«. In der Synagoge legte er heilige Texte des Propheten Jesaja aus. Er sprach auch von den Propheten und Wundertätern Elia und Elischa.

Man staunte über seine Beredsamkeit und fragte sich: »Ist das nicht der Sohn des Josef, den wir alle kennen? Was spielt er sich hier als großer Lehrer auf! Meint er vielleicht, er sei auch ein Prophet? Uns kann er nichts vormachen. Wir kennen ihn noch von früher. Jetzt ist er einer von diesen Wanderpredigern, die von Synagoge zu Synagoge ziehen und glauben, sie seien etwas Bedeutsames.«

So hinterfragt und kritisiert, konnte Jesus in Nazaret keine großen Wunder bewirken. Nur wenige Kranke vermochte er durch Handauflegung zu heilen. Vielleicht verhärtete sich auch sein Herz, und er vergriff sich etwas im Ton. Schwierig war sein Auftritt in jedem Fall auch für seine Mutter Maria, denn Jesus hatte ein unstetes Wanderleben begonnen. Heute war er hier und morgen dort. Sie aber weilte am Ort. Sie musste sich die Worte der Nachbarn auch noch am kommenden Tag anhören. Die Erregung der Bevölkerung von Nazaret war so groß, dass sie Jesus lynchen wollten. Sie vertrieben ihn aus der Synagoge und zur Stadt hinaus in Richtung eines Abhanges. Hier stellte sich der Mob vor Jesus auf und wollte ihn in die Tiefe stürzen (Lukas 4.29). Der Versuch einer Lynchjustiz scheitert. Jesus wendet sich um und schreitet durch die Menge hindurch. Niemand wagt ihn aufzuhalten.

Er aber weiß nun, dass man Menschen nicht überfordern darf und dass es nicht klug ist, Geheimnisse zu enthüllen. Während der Taufe hatte er die Stimme Gottes vernommen. Er war Gottes Sohn. Er wusste es. Aber woher sollten es die anderen Menschen wissen? Das, was er wirklich war, lag in ihm verborgen wie eine Perle in der Muschel. Besser, es wurde nicht vor der Zeit enthüllt. Besser, es blieb ein Geheimnis. Und denen, die ihn erkannten, die ihn Herr und Sohn Gottes nannten, gebot er Schweigen. Er war voller Gelassenheit: Eines Tages werde die Wahrheit ans Licht treten.

Konnte Jesus Wunder vollbringen?

»Wunder geschehen, ich hab's gesehen. Es gibt so vieles, was wir nicht verstehen«, heißt es in einem Lied. Die Schlagersängerin Nena schrieb es, nachdem sie eine tiefe Krise überwunden hatte. Vom Wunder lesen wir im Märchen. Der Anblick der Wunder der Natur erfüllt uns mit Staunen. Die Welt kann voller Wunder sein: eine Begegnung mit einem lieben Menschen, ein gutes Wort zur rechten Zeit, neue Zuversicht, Heilung an Seele und Körper. Jesus konnte Wunder vollbringen, daran besteht kein Zweifel. Wenn wir die vier Evangelien lesen, dann sehen wir, welch große Bedeutung die Wunder in seinem Leben und Wirken haben. Ja, wir müssen noch entschiedener sagen: Die Wunder bilden die Mitte seines Wirkens. Jesus lehrte den Weg der Liebe. Das taten andere spirituelle Lehrer auch. Die Wunder aber waren mehr, als jede Lehre es sein konnte. Wunder sind die Erfahrung der Liebe. Deshalb können auch nur Liebende vom Wunder reden.

Alle Wunder Jesu erzählen Liebesgeschichten. Sie berichten in bildhafter Sprache von der großen Kraft der Spiritualität. Diese Energie verwandelt uns durch und durch. Eines der bekanntesten Wunder Jesu ist das Weinwunder von Kana in Galiläa. Jesus und seine Mutter waren Gäste auf einer Hochzeit. Offenbar wurde viel getrunken. Der Wein war rasch zur Neige gegangen. Da standen sechs steinerne Krüge, deren Wasser von den Gästen zur rituellen Reinigung gebraucht worden war. Jesus ließ die Krüge von neuem mit Wasser füllen. Jeder fasste rund 100 Liter. Diese 600 Liter verwandelte er in Wein. Verwandlung ist das Thema aller Wundergeschichten. Wie ein roter Faden zieht sich das Motiv der Verwandlung durch die Erzählungen vom Wirken Jesu: Aus Wasser wird Wein, aus kranken werden gesunde Menschen, aus Tauben werden Hörende, aus Blinden werden Sehende, aus Lahmen werden Gehende, aus psychisch Kranken werden Menschen voll neuer Zuversicht. Und hinter all diesen Wundern steht das Wunder der Liebe Gottes. Sie führt Menschen aus dem Unglauben zum Glauben. Alle Wunder sind Glaubenswunder.

Das erfahren auch die ersten beiden Jünger, die Jesus zu seinen Wegbegleitern erwählt. Die heißen Andreas und Petrus. Ihr Wohnort ist Kapernaum, ein Städtchen am See Genezareth. In der Nacht waren sie auf den See hinausgefahren, hatten aber keinen Fisch gefangen. Am Vormittag kommt Jesus an ihren Booten vorbei und ermuntert sie, noch einmal die Netze auszuwerfen. Dem Fachmann zeigt dieser Auftrag, dass Jesus vom Handwerk des Fischers nichts versteht, denn zu dieser Tageszeit und nach der vergeblichen Nachtfahrt ist an Beute nicht zu denken. Doch manchmal geschieht das Unerwartete, etwas, das der Verstand nicht begreift, eine neue Chance, ein neuer Anfang, ein neues Leben. Dann sind wir vor die Entscheidung gestellt, ob wir dem Ruf folgen wollen. Petrus und Andreas fahren auf den See und fangen so viele Fische, dass die Netze zu zerreißen drohen. Nun könnten sie sich über den Fang freuen, den Fisch zu Geld machen, und was sich nicht heute vermarkten lässt, einsalzen für den Verkauf der kommenden Tage. Doch liegt für beide Männer das Wunder nicht allein in den Netzen. Sie spüren es in ihrer Seele: Dieser Mann ist heilig. Er hat sie im Innersten ergriffen und verwandelt. Deshalb geben sie ihren Beruf auf und folgen ihm nach.

Die zahlreichen Wunder Jesu können in vier Gruppen unterteilt werden: Es sind Naturwunder, Heilungswunder, Exorzismen und Totenauferweckungen. Der wunderbare Fischzug und die Verwandlung des Wassers in Wein gehören zu den Naturwundern. In beiden Fällen spielt das

Wasser eine große Rolle. Das Wasser ist ein uraltes Symbol des Unbewussten. Es verweist auf die tiefsten Kammern der Seele, die allein von der Liebe erreicht werden. Das Wasser des Unbewussten verbirgt aber auch unsere Ängste und Sorgen. Als Jesus mit seinen Jüngern auf den See Genezareth fährt, da kommt es zu einem großen Sturm. Jesus schläft trotz des hohen Seegangs seelenruhig wie ein Kind im Arm der Mutter, während die gelernten Fischer in Panik ausbrechen. Sie wecken Jesus, und er stillt den Sturm. Ein anderes Mal läuft er durch die dunkle Nacht über die Wasser des Sees.

Der Ruf Jesu als Wundertäter führte auch dazu, dass sich viele Menschen mit unheilbaren Krankheiten voll Vertrauen an ihn wandten. Unter ihnen waren Hautkranke, Gelähmte, Taube, Blinde und Lahme. Wie es in ihrer Seele aussah, das kann jeder nachempfinden, der selbst einmal schwer krank gewesen ist oder Krebskranke begleitet. Da ist jede Hilfe der Schulmedizin willkommen. Doch Hilfe wird auch auf anderen Wegen gesucht. Vielleicht sogar im Gebet, in der Meditation und in der Suche nach neuer Glaubenskraft. Jesus war überzeugt, dass Glaube Berge versetzen kann. Die Menschen spürten, dass eine Kraft von ihm ausging, die sie positiv beeinflusste. Diese spirituelle Energie tat ihren wunden Seelen gut. Heilung, sagte Jesus, sei immer ein ganzheitlicher Vorgang. Was nütze es dem Menschen, wenn er die ganze Welt gewönne und allen Reichtum besäße, dabei aber Schaden an seiner Seele nimmt? Jesus war überzeugt, dass Körper und Seele eine Einheit bilden. Die Seele aber war für ihn der Schlüssel zum Körper. Wenn die Seele krank war, dann war auch der Körper krank. So musste seiner Meinung nach alle Heilung des Körpers von einer Heilung der Seele ausgehen.

Heute teilen wir Jesu Überzeugung von der psychosomatischen Ursache zahlreicher Krankheiten. Die Krankheiten der Seele haben viele Namen. Wir sprechen von Anorexie, von Depression, Neurose, Psychose oder Schizophrenie. Die Diagnose, die Jesus stellte, war weniger differenziert. Sie lautete einfach: Die Sünde macht dich an Leib und Seele krank. Sünde ist das Gegenteil von Liebe. Jesus war in der Tat davon überzeugt, dass die Hauptursache vieler Krankheiten die Lieblosigkeit, die Selbstbezogenheit, das mangelnde Vertrauen und der Unglaube sind. Deshalb setzen seine Heilungswunder stets an diesem wunden Punkt an. Als ihm ein Gelähmter auf einer Tragbahre gebracht wird, heilt er ihn nicht einfach, sondern sagt zuerst: »Mensch, deine Sünden sind dir vergeben.« (Lukas 5.20) Vergeben, Vergessen, Verziehen! Nun kann Neues ins Leben eintreten.

Konnte Jesus Tote auferwecken?

Einige indische Yogis haben in jahrelanger Meditation so viel Macht über ihren Körper gewonnen, dass sie für einige Zeit ihren Herzschlag anhalten können. Andere lassen sich für drei Tage lebendig begraben, ohne dabei zu ersticken. Von Jesus werden drei Totenauferweckungen berichtet. Es sind zwei junge Männer und ein zwölfjähriges Mädchen. Waren diese drei Personen wirklich tot? Vielleicht waren sie nur scheintot, ohnmächtig oder in einem Koma-ähnlichen Zustand? Vielleicht war das Ganze ein Yoga-Trick? Wer weiß es? Eine Totenerweckung ist nun doch noch einmal etwas anderes als eine Wunderheilung. Heilungswunder geschehen ja nachweislich bis auf den heutigen Tag nicht nur in katholischen Wallfahrtsorten wie Fatima oder Lourdes, sondern ebenso auf mancher Krebsstation. Die Kraft des Glaubens kann Berge versetzen. Doch Tote sind tot. Oder etwa nicht?

Jesus war mit seinen Jüngern wieder einmal unterwegs. Sie kamen in die Gegend der Stadt Nain. Als sie das Stadttor erreichten, wurde es gerade geöffnet, und ein Leichenzug trat aus den Toren. Der Tote sollte, wie es Brauch war, außerhalb der Stadtmauern beerdigt werden. Hinter dem Sarg schritt die Mutter des Toten. Sie war Witwe. Jesus wird rasch über das Schicksal dieser Frau unterrichtet. Er weiß, dass ihr einziger Sohn in Leichentüchern gewickelt auf der Bahre liegt. Ein Jüngling noch. Jesus sieht die Tränen im Gesicht der Mutter und ist voller Mitleid. »Weine nicht!«, sagt er. Dann tritt er an die Bahre heran. Die Träger bleiben stehen. Jesus berührt den Leichnam und spricht: »Jüngling, ich sage dir, steh auf!« Da erhebt sich der junge Mann und nimmt seine Mutter in den Arm. (Lukas 7.11–17)

Die zweite Totenauferweckung erzählt von der Tochter des Synagogenvorstehers Jairus (Lukas 8.40–56). Dieser hatte von Jesus gehört, lief auf ihn zu, fiel ihm zu Füßen und bat ihn, in sein Haus zu kommen. Seine einzige Tochter sei schwer erkrankt und liege in den letzten Zügen. Jesus folgt Jairus, begleitet von einer großen Menge. Das hält auf. Da kommen auch schon Gehilfen des Jairus angelaufen und teilen ihm den Tod des Kindes mit: »Deine Tochter ist gestorben; bemühe den Meister nicht mehr.« Für sie gibt es jetzt keine Hoffnung mehr. Tot ist tot, denken sie. Jesus denkt anders. Wunder geschehen durch die Kraft des Glaubens. Aber die Tochter des Jairus ist doch gestorben. Wie kann sie da glauben? In der Tat. Sie ist jetzt ganz auf fremde Hilfe angewiesen, darauf, dass jemand an ihre Stelle tritt. Deshalb sagt Jesus zu dem Vater: »Fürchte dich nicht; glaube nur, so wird sie gesund!« Unterdessen hat der Zug das Haus erreicht. Hier liegt die Tochter auf ihrer Lagerstatt. Die Mutter sitzt neben dem Leichnam. Jesus tritt mit dem Vater und den Jüngern Petrus, Johannes und Jakobus in das Zimmer. Die Menge bleibt draußen vor den Türen stehen. Drinnen fließen die Tränen, und alle stimmen die Totenklage an. Jesus aber sagt: »Weint nicht! Sie ist nicht gestorben, sondern sie schläft.« Diese Äußerung stößt auf Widerstand. Trotz aller Trauer und Tränen verlachen sie Jesus. Das Kind ist tot. Das ist gewiss. Daran besteht doch kein Zweifel! Jesus aber nimmt das Mädchen an die Hand, so als wolle er es zu einem Spaziergang auffordern. Er sagt: »Kind, steh auf!« Da passiert es. Alle Anwesenden können es spüren, und Entsetzen ergreift sie. Die Seele der Verstorbenen schwebte wohl noch im Raum. Jetzt zieht sie wieder in den Leib und haucht ihm Leben ein. Das Kind wird lebendig, erwacht, steht auf und sagt, es habe Hunger. Jesus aber gebietet allen, niemandem zu sagen, was geschehen war.

Die dritte Totenauferweckung aber ist die wundersamste von allen. Sie erzählt von drei Geschwistern, die mit Jesus befreundet waren. Es sind die Schwestern Marta und Maria und ihr Bruder Lazarus (Johannes 11.1–45). Die drei wohnen in dem Dorf Betanien, etwa eine halbe Wegstunde von Jerusalem entfernt. Während seines unruhigen Wanderlebens war Jesus in ihrem Haus immer wieder für ein paar Tage eingekehrt und hatte neue Kraft geschöpft. Jetzt erreicht ihn die Bitte der Schwestern, doch schnell nach Betanien zu kommen. Der Bruder sei schwer erkrankt. Dennoch verweilt Jesus zwei weitere Tage am Ort, bevor er sich mit den Jüngern auf den Weg nach Betanien macht. Marta geht ihm entgegen, Maria aber bleibt mit den Trauergästen zu Hause. Martas Vertrauen in die besonderen Kräfte Jesu ist enorm. Kaum sind sie sich begegnet, da sagt sie: Lazarus wäre gewiss nicht gestorben, wenn Jesus an seiner Seite gewesen wäre. Jesus tröstet sie mit den Worten: »Dein Bruder wird auferstehen.« Das glaubt auch Marta: »Ich weiß wohl, dass er auferstehen wird – bei der Auferstehung am Jüngsten Tag.« Nach dem Tod kommt die Auferstehung. Daran zweifelt Marta nicht. Doch hier ist die Rede von einer Auferstehung mitten im Leben. Nun wird es mystisch, als Jesus sagt: »Ich bin die Auferstehung und das Leben. Wer an mich glaubt, der wird leben, auch wenn er stirbt; und wer da lebt und glaubt an mich, der wird nimmermehr sterben. Glaubst du das?« Über die letzten Dinge sprechen wir selten im Leben. Was wir wirklich glauben, liegt vor uns selbst verborgen in der Tiefe unserer Seele. Doch im Angesicht der Endlichkeit, der Sterblichkeit und des Todes gibt es auch Momente der Gewissheit. Marta erwidert: »Ja, Herr, ich glaube, dass du der Christus bist, der Sohn Gottes, der in die Welt gekommen ist.« Das ist ein Bekenntnis unter vier Augen. Es bleibt ein Geheimnis. Heimlich geht Marta auch zu ihrer Schwester Maria und sagt: »Der Meister ist da und ruft dich.« Maria eilt aus dem Dorf hinaus, um Jesus zu treffen. Unter Tränen wiederholt sich die Szene: »Herr, wärst du hier gewesen, mein Bruder wäre nicht gestorben.« Auch Jesus gehen die Augen über. Er weint. Inzwischen waren weitere Trauergäste hinzugekommen und kommentierten Jesu Tränen voller Spott: »Er hat den Blinden die Augen aufgetan, konnte er nicht auch machen, dass dieser nicht sterben musste?«

Dann gehen alle zu der Grabhöhle, in der Lazarus bestattet worden ist. Ein großer Stein verschließt den Eingang. Jesus sagt: »Hebt den Stein weg!« Marta aber, die eben noch ihren Glauben an die Macht Jesu bekannt hat, entgegnet: »Herr, er stinkt schon, denn er liegt hier seit vier Tagen.« Jesus aber lässt den Stein wegrollen, spricht ein Gebet und ruft: »Lazarus, komm heraus!« Mit Grabtüchern an Händen und Füßen umwunden, das Gesicht noch mit einem Schweißtuch verhüllt, tritt Lazarus wieder ins Leben.

Sterben aber wird Lazarus ein zweites Mal. Die Legende erzählt, er habe nach dem Tod Jesu als Missionar in Südfrankreich gearbeitet. Sein zweites Grab wird heute in der Stadt Autun zwischen den Weinbergen des Burgund verehrt. Über ihm wurde eine der schönsten Kathedralen der Romanik errichtet. Jesus hatte Lazarus, die Tochter des Jairus und den Jüngling aus Nain für kurze Zeit aus dem Reich des Todes ins Leben zurückgerufen und damit ein Zeichen gesetzt: Die Kraft des Glaubens endet nicht vor den Gräbern. Wer glaubt, wird leben, auch wenn er stirbt. Das gilt am Ende für Jesus selbst. Die Höhle, aus der Lazarus getreten ist, wird dann auch seine Grabhöhle sein.

Wer ist der Teufel?

In der Wüste war es zu einer ersten Begegnung gekommen. Jesus hatte den Versuchungen widerstanden, und der Teufel zog sich für eine gewisse Zeit in den Untergrund zurück. Doch kaum, dass Jesus sein Wirken in der Öffentlichkeit begonnen hatte, da war er wieder da. Nach dem Bericht des Evangelisten Markus kam es zu einer ersten Wiederbegegnung in der Synagoge von Kapernaum an den Ufern des Sees Genezareth. Nichtsahnend waren Jesus und seine Jünger am Sabbat in die Synagoge gegangen, die heiligen Texte waren vorgetragen worden, und die Lehrgespräche hatten begonnen. Jesus tat sich wie immer durch seine Deutung der Texte hervor. Die Gemeindemitglieder spürten, dass er nicht wie die Gelehrten aus zweiter Hand lebte, sondern alles, was er sagte, aus eigener Erfahrung vortrug. Da kam es zu einem grauenhaften Zwischenfall. Ein Mann trat hervor, und aus ihm sprach mit verzerrter Stimme eine zweite Person. Diese sagte:

»Was willst du von uns, Jesus von Nazareth? Du bist gekommen, uns zu vernichten. Ich weiß, wer du bist: der Heilige Gottes!« (Markus 1.24) Für die Anwesenden war der Fall klar. Der arme Mann war von einem Dämon besessen. Der Glaube an Dämonen war in der alten Welt weit verbreitet. Dämonen galten als gefallene Engel. Ihr Oberhaupt war der Teufel. Er wurde auch Satan oder Beelzebub genannt. Dämonen hatten keinen Körper und waren daher wie die Engel unsichtbar. Sie konnten jedoch in einen Körper schlüpfen und bewohnten ihn dann als eine Art Wirtstier. Die Folgen dieser Besessenheit zeigten sich in epileptischen Anfällen, im Funktionsverlust einzelner Sinnesorgane oder in autoaggressiven Aktionen bis hin zum Selbstmordversuch. Die Zahl der Dämonen in einem Menschen war nach oben hin anscheinend unbegrenzt. So war ein Mann aus der Stadt Gerasa von 6000 Dämonen besessen.

Auf dem Hintergrund dieses Weltbildes scheint es nur allzu logisch, dass sich die Dämonen durch Jesu Worte provoziert fühlen mussten, denn Jesus hatte von einer neuen Zeit gesprochen. Das Reich Gottes sei angebrochen. Deshalb sollten alle Menschen ihr Leben ändern, umkehren, dem Bösen entsagen und aus der positiven Kraft des Glaubens leben. Wenn aber der Geist der Liebe in die Seelen der Menschen einzog, dann war für den Geist des Hasses kein Raum mehr. Das wusste der Dämon in der Synagoge von Kapernaum genau. Und er wusste auch, dass er gegen Jesus keine Chance hatte. Deshalb ist die Teufelsaustreibung völlig unspektakulär. Mit einem Wort wird der Böse vertrieben, und der Kranke ist wieder geheilt.

Jesus war ein begnadeter Exorzist. Er strahlte Ruhe und Souveränität aus. An keiner Stelle ist von Machtkämpfen mit den Dämonen die Rede, nirgendwo benutzt er ein Ritual mit Weihwasser, Weihrauch und lateinischen

Beschwörungsformeln, wie es später in der Kirche üblich wurde. Obwohl Teufelsaustreibungen in der damaligen Zeit nicht selten vorkamen, waren doch die Aktionen Jesu ungewöhnlich. Einmal wegen der Leichtigkeit, mit der ihm die Heilungen der seelisch und körperlich Kranken gelang, zum anderen, weil er seine therapeutischen Erfolge religiös deutete. Jesus sagte: »Wenn ich aber durch Gottes Finger die bösen Geister austreibe, so ist ja das Reich Gottes zu euch gekommen.« (Lukas 11.20) Die Teufelsaustreibungen waren für ihn ein Beweis, dass er das Berufungserlebnis am Jordan nicht geträumt hatte. Auf ihm ruhte die Kraft Gottes. Doch das war nicht alles. Er würde eines Tages die Erde verlassen. Aber der Geist Gottes sollte bis ans Ende der Zeiten unter den Menschen wirken. So erwartete Jesus, dass auch seine Jünger und Jüngerinnen Dämonen austreiben und damit Menschen von ihren Obsessionen, psychisch und neurologisch bedingten Krankheiten, befreien konnten.

Wie gefährlich ein Exorzismus sein kann, das zeigt das Beispiel der Jünger. Während sich Jesus mit Petrus, Jakobus und Johannes zu einem Gebet auf den Berg Tabor zurückgezogen hatte, erlebten die anderen Jünger Folgendes: Ein Mann hatte sich Hilfe suchend an sie gewandt und seine verzweifelte Lage geschildert. Sein Sohn litt unter epileptischen Anfällen. Die Symptome werden genau beschrieben: Muskelverkrampfungen, Zuckungen, Lähmung des Sprachzentrums, Zähneknirschen, wahrscheinlich auch Zungenbiss und Harnabgang und Schaumbildung in der Mundhöhle. Seit frühester Kindheit leide der Knabe unter diesen Anfällen. Im akuten Stadium sei er so verzweifelt, dass er sich umbringen wolle. So habe es immer wieder Suizidversuche gegeben. Manchmal habe sich der Junge ertränken, dann wieder ins Feuer stürzen wollen. Die Jünger hatten an dem Knaben herumgedoktert und das Leiden nur noch verschlimmert. Als Jesus vom Berg hinabsteigt und wieder zu ihnen stößt, ist er empört: »O du ungläubiges Geschlecht, wie lange soll ich bei euch sein? Wie lange soll ich euch ertragen? Bringt ihn her zu mir!« (Markus 9.19) Vater und Sohn treten vor Jesus. Das Kind reagiert sofort mit einem epileptischen Anfall. In der Sprache der Bibel: Der böse Geist reißt das Kind zu Boden. Der Vater ruft verzweifelt: »Wenn du aber etwas kannst, so erbarme dich unser und hilf uns!« Jesus antwortet: »Alle Dinge sind möglich, dem, der da glaubt.« Da schreit der Vater: »Ich glaube; hilf meinem Unglauben!« Damit hat der Spuk ein Ende. Jesu befiehlt dem Dämon zu weichen, und das Kind ist geheilt. Nun aber kommt die entscheidende Frage: Warum konnten die Jünger nicht helfen? Was haben sie falsch gemacht? Woran lag es? Die Antwort lautet: Ihr habt zu sehr auf eure Kraft vertraut. Ihr hättet beten sollen, denn Gottes Kraft allein vertreibt die Schattenmächte. Auch an anderer Stelle mahnt Jesus zu Bescheidenheit. Wieder einmal waren die Jünger unterwegs gewesen, und ihre Bemühungen fanden dieses Mal ein positives Ergebnis. Jubelnd kehrten sie zu Jesus zurück und schwärmten von den erfolgreichen Dämonenaustreibungen. Jesus aber bremst ihren Eifer: »Doch freut euch nicht, dass euch die Geister untertan sind. Freut euch aber, dass eure Namen im Himmel geschrieben sind.« (Lukas 10.20)

Wenn wir heute, 2000 Jahre später, auf diese Zeit zurückblicken, dann erkennen wir mühelos in den zahllosen Dämonen Bilder von seelischer und körperlicher Abhängigkeit. Sie führen uns deutlich die heilende Kraft des Glaubens vor Augen. Glaube ist eine spirituelle Energie. Glaube zeigt sich in seiner Wirkung, nicht in klugen Gesprächen und philosophischen Debatten. Glaube ist handlungsorientiert. Jeder, der sich auf spirituelle Prozesse einlässt, weiß, dass der Weg immer weit bleibt. Auch nach einer seelischen Befreiung und Erlösung von dem, was uns niedermachte, leben wir noch weiter in einer Welt der Schatten. Deshalb ist in der Bildersprache der Bibel jede Austreibung eines Dämons nur eine Vertreibung. Wer aus einer Lebenskrise oder Krankheit mit neuer Energie und neuer Perspektive hervorgetreten ist, der wird weiter an sich arbeiten müssen, will er nicht in die alten Muster zurückfallen. In der Sprache Jesu heißt es daher: »Wenn der unreine Geist von einem Menschen ausgefahren ist, so durchstreift er dürre Stätten, sucht Ruhe und findet sie nicht; dann spricht er: Ich will wieder zurückkehren in mein Haus, aus dem ich fortgegangen bin. Und wenn er kommt, so findet er's gekehrt und geschmückt. Dann geht er hin und nimmt sieben andere Geister mit sich, die böser sind als er selbst; und wenn sie hineinkommen, wohnen sie darin, und es wird mit diesem Menschen hernach ärger als zuvor.« (Lukas 11.24–26)

5 Jüngerinnen und Jünger: Komm und folge mir nach!

War Maria von Magdala Jesu Geliebte?

Wer irgendwo auf der Welt ein Museum von Rang betritt, wird dem Bild der Maria von Magdala begegnen. Sie ist in verschiedenen Situationen dargestellt, doch stets an einem Attribut zu erkennen. In den Händen hält sie ein Gefäß mit Salböl. Wir sehen sie, wie sie Jesus zu Füßen liegt und ihn salbt. Wir erkennen sie als erste Zeugin der Auferstehung, als Büßerin in Ägypten oder in Südfrankreich. In der frühen Kirche trug Maria den lateinischen Titel »apostola apostolorum« und galt als weibliches Oberhaupt des Jüngerkreises. Seit jeher hatte sie die Fantasie der Menschen beflügelt. In dem Musical »Jesus Christ Superstar« singt sie von der magischen Anziehungskraft Jesu:

> »Ich weiß nicht, was ich davon halten soll
> Warum zieht er mich so an?
> Er ist doch einfach nur ein Mann
> Und ich hatte doch schon einige Männer
> Auf ganz verschiedene Weise
> …
> Er bringt mich völlig in Panik
> Ich mag ihn so sehr
> Ich lieb ihn so sehr.«

War Maria die Freundin Jesu? Hatten die beiden etwas miteinander? Maria stammte aus dem Fischerdorf Magdala. Sie wurde auch Maria Magdalena genannt. Jesus hatte sie von sieben bösen Geistern befreit. Die Namen der sieben Dämonen erfahren wir nicht. Vielleicht waren es einfach falsche Ideale: Du musst schön sein. Du musst schlank sein. Sei wie ein Mann, sonst machst du keine Karriere. Die Liste ließe sich fortsetzen. Maria von Magdala gehörte neben Johanna und Susanna zum Jüngerkreis, den Jesus um sich geschart hatte. Sicherlich trugen die Frauen zum finanziellen Unterhalt der Gruppe bei, denn in den drei kurzen Jahren seiner öffentlichen Wirksamkeit konzentrierte sich Jesus ausschließlich auf seine spirituelle Mission. Auch die Männer hatten ihre Arbeit aufgegeben, als sie Jesus nachfolgten und ein unstetes Wanderleben zu führen begannen. Johanna war mit einem Verwalter des Königs Herodes verheiratet. Dieser Mann hieß Chuzas und verdiente gewiss nicht schlecht. Maria dagegen war wohl unverheiratet geblieben. Ob sie als Prostituierte gearbeitet hat, ist nicht mehr zu klären. Sie wurde jedoch später mit der Hure gleichgesetzt, die Jesus gesalbt hatte.

Die erste Begegnung fand im Haus eines frommen Juden mit Namen Simon statt. Jesus war der Einladung zu einem religiösen Gespräch gefolgt. Man saß auf Sitzkissen und verspeiste, was aufgetischt wurde. Da betrat plötzlich Maria von Magdala den Raum, sah Jesus und brach voll Ergriffenheit in Tränen aus. Sie fiel vor ihm nieder. Ihre Tränen benetzten seine Füße. Mit ihren langen Haaren fuhr Maria von Magdala über die Tränen, küsste Jesu Füße und salbte sie mit einem kostbaren Salböl. Dieses geheimnisvolle Ritual geschah wortlos. Der Gastgeber schritt nicht ein, denn die Frau war stadtbekannt, und er wollte Jesus testen. Wenn er ein Prophet wäre, so dachte Simon, dann müsste er wissen, dass sie eine große Sünderin ist. Jesus aber konnte seine Gedanken lesen und verteidigte sich und Maria mit den Worten: »Ihre vielen Sünden sind vergeben, denn sie hat viel Liebe gezeigt.« Und zu Maria spricht er: »Dir sind deine Sünden vergeben.«

Und weiter: »Dein Glaube hat dir geholfen; geh hin in Frieden!« (Lukas 7.36–50) Maria aber ging nicht. Sie blieb bei ihm, auch dann noch, als alle Jünger ihn verlassen hatten.

Jesus war ein Typ, den viele Frauen liebten. Sie spürten, dass er ein Kind der Liebe war und vorbehaltlos lieben konnte. Sie fühlten sich von ihm magisch angezogen und erlebten, wie allein seine Gegenwart oder die Berührung seines Gewandes heilende Kräfte verströmten. Eine Frau, die seit ihrer Menarche unter Dauerblutungen litt und von den Ärzten bereits aufgegeben worden war, drängte sich durch die Menge, die Jesus umgab, berührte den Saum seines Gewandes und wurde sogleich geheilt. Jesus hatte die Frau nicht gesehen, ihre Gegenwart aber gespürt, denn er kommentierte den Energiefluss mit den Worten: »Es hat mich jemand berührt; denn ich habe gespürt, dass eine Kraft von mir ausgegangen ist.« (Lukas 8.46)

Eine andere, namentlich nicht bekannte Frau begegnete Jesus am Jakobsbrunnen. Die Jünger waren gerade in die Stadt gegangen, um Nahrung zu kaufen. Jesus war also allein, und es kam zu einem Gespräch mit der Frau, in deren Verlauf sie rasch die charismatische Begabung dieses Mannes spürte. Sie war gekommen, um mit dem Krug Wasser aus dem Brunnen zu schöpfen. Jesus wusste stets, wen er vor sich hatte, denn er konnte mit den Augen der Seele sehen und mit den Ohren des Herzens hören. So liest Jesus in dem Buch ihres Lebens. Sie braucht ihm von ihrem Schicksal nichts zu erzählen. Er weiß, sie ist unverheiratet. Fünf Männer hat sie gehabt und lebt jetzt mit ihrem sechsten zusammen. Jesus wusste, dass diese Frau noch einen anderen Durst kannte, eine religiöse Sehnsucht nach dem Wasser des Lebens und jener Quelle, deren Energiefluss sich nie verströmen wird. Ihre Seele dürstete nach Erlösung. Er aber machte nicht viele Worte, sie musste ihm auch nichts erklären. »Gott ist Geist«, sagte er, »und durch den Weg des Geistes und der Wahrhaftigkeit ist er erfahrbar.« Inzwischen kamen die Jünger aus der Stadt zurück. Die Frau aber lässt ihren Wasserkrug stehen, läuft auf die Stadttore zu, spricht die ersten Menschen, die ihr entgegenkommen, voller Begeisterung an: »Kommt, seht einen Menschen, der mir alles gesagt hat, was ich getan habe, ob er nicht der Christus sei!« (Johannes 4.29)

Die Frauen liebten Jesus, weil er sie im Geist der Liebe und der Wahrheit erkannte. Diese spirituelle Liebe war voller Zärtlichkeit und Erotik. Eine sexuelle Geliebte aber hatte Jesus gewiss nicht. Auch Maria von Magdala war nicht seine Geliebte. Wie Johannes der Täufer, so blieb Jesus unverheiratet. Der Grund lag nicht in einer Sexualitätsfeindlichkeit oder gar einer Ablehnung der Ehe. Im Gegenteil! Das Band der Ehe war für Jesus unauflöslich. Auch seine Jünger, die zum großen Teil verheiratet waren, ließen sich ja nicht etwa scheiden, nachdem sie ihre spirituelle Berufung erkannt hatten. Jesus war auf Hochzeiten ein gern gesehener Gast, und in einem Gleichnis benutzt er sogar das Bild der Hochzeit, wenn er von den Freuden des Himmelreiches spricht. An anderer Stelle vergleicht er die Seele des Menschen mit einer Braut. Seine Ehelosigkeit war auch keine religiöse Ideologie, wie sie etwa in der Sekte der Essener gelebt wurde. Diese Männergruppe blieb ehelos, weil sie glaubte, das Ende der Welt stehe bevor. Auch Paulus blieb unverheiratet. Jesus aber war ein großer Freund der Kinder. Sie drängten sich zu ihm. Sie liebten ihn, und er liebte sie. Jesus war übervoll von einer Liebe, die sich über alle Menschen verströmte. Er liebte nicht nur. Er war die sichtbar gewordene Liebe. Das war der Grund seiner Ehelosigkeit, und kein anderer.

Wovon lebten Jesus und seine Jünger?

Jesus fühlte sich dazu berufen, den Beginn eines neuen Zeitalters zu verkündigen. Er war überzeugt, dass seine innerste Erfahrung der Liebe Gottes auch allen anderen Menschen möglich war. Deshalb durfte er seine Botschaft vom Weg der Liebe nicht für sich behalten. Gott war für ihn wie ein großer Backofen voller Liebe. Seine Glut konnte jeden Menschen erwärmen. Jesus strahlte nicht nur diese Liebe Gottes aus, er konnte sie zugleich an andere Menschen weitergeben. Die Männer und Frauen, die er zuerst motivierte, wurden Jünger oder Apostel genannt. Viele von ihnen waren verheiratet und verließen Frau und Kinder, als sie mit Jesus ein Wanderleben begannen. Die Regeln der Jesusgemeinschaft waren bewusst streng gewählt. Ein Schriftgelehrter zeigte sich hoch motiviert. Jesus aber reagierte nicht mit Begeisterung, sagte nicht, er solle einfach mitkommen, sondern machte ihn darauf aufmerksam, dass ein Wanderleben Heimatlosigkeit bedeute. Wenn er morgens aufwache, wisse er nicht, wo er abends schlafen werde. Ein anderer hatte gerade seinen Vater verloren. Vielleicht war dessen Tod für den Sohn zu einem Schlüsselerlebnis geworden, und er wollte nun dem Weg der unvergänglichen Liebe nachfolgen. Er bat Jesus zu warten, bis die Trauerfeierlichkeiten beendet seien, dann werde er mit ihm ziehen. Jesus aber antwortete ihm, er solle nicht zögern. Wer die Hand an den Pflug lege und zurückblicke, der sei für das Reich Gottes nicht geschaffen. Er solle ihm jetzt gleich nachfolgen und die Toten ihre Toten begraben lassen (Matthäus 8.22).

Dann kam ein reicher Jüngling. Der besaß alles, was man sich mit Geld kaufen kann. Doch sein Herz war voller Sehnsucht nach einem unvergänglichen Schatz, nach dauerhaftem spirituellen Reichtum. Er fragte Jesus, was er tun solle, damit er das ewige Leben erbe. Die Antwort Jesu ist so radikal, dass selbst die Jünger geschockt sind. Sie lautet nämlich: »Geh hin, verkaufe alles, was du hast, und gib es den Armen, so wirst du einen Schatz im Himmel haben, und komm und folge mir nach.« Diese Worte entmutigen den jungen Mann, und er zieht traurig von dannen. Auch die Jünger sind weiterhin entsetzt. Eher gehe ein Kamel durch ein Nadelöhr, sagt Jesus, als dass ein Reicher in den Himmel komme. Die Jünger hatten nicht nur auf den Reichtum, sondern auch auf jeden persönlichen Besitz verzichtet. Doch hier schien ihnen Jesus den Bogen zu überspannen. Wenn die Voraussetzungen für ein spirituell erfülltes Leben so gewaltig sind, wer kann dann überhaupt noch selig werden? Die Antwort Jesu lautet: »Bei den Menschen ist es unmöglich, aber nicht bei Gott; denn alle Dinge sind möglich bei Gott.« (Markus 10.27) Das hieß nichts anderes als: Befreie dich von allen Zwängen und lass dich ganz ohne Sicherungsseil in die Liebe Gottes fallen. Sie wird dich auffangen. Sieh doch: Du lebst allein aus der Gnade.

Jesus hatte seine Vorstellungen vom Lebensstil seiner Jünger und Jüngerinnen klar formuliert. Weder Gold-, Silber- noch Kupfermünzen sollten sie bei sich tragen, auch keine Reisetasche mitnehmen, sondern nur das, was sie am Leib trugen. Also nur ein Hemd, kein Ersatzhemd, keine Schuhe und keinen Reisestock zur Abwehr böser Tiere. Für ihre Predigt vom Himmelreich sollten sie kein Geld verlangen, auch nicht für die Heilungen und Dämonenaustreibungen. Die Begründung war aus der Sicht Jesu vollkommen logisch: Wenn alles, worauf es ihm ankam, Gnade war, dann konnten er und seine Jünger nicht für bare Münze von der Gnade predigen.

Jesus verglich seinen Lebensstil gerne mit den Vögeln unter dem Himmel, die weder säen noch ernten, und doch stets genug zu essen haben. Die orientalische Gastfreundlichkeit ist sprichwörtlich. Wohin Jesus auch kam, fast immer fand er ein Bett für die Nacht und eine warme Mahlzeit. Doch je größer der Kreis der Jünger und Jüngerinnen wurde, desto mehr logistische Probleme traten auf. Ein Einzelner kommt überall durch, doch bei zehn, zwölf oder gar mehr Personen geht es ohne Geld auch im Lande Jesu nicht. Wovon lebten die Jünger? Gewiss gab es Zuwendungen von vielen Seiten. Die Spenden wurden von Judas verwaltet. Er ist es auch, der sich über die Geldverschwendung aufregt, als Jesus sich von einer Frau mit teurem Salböl einreiben lässt. Frauen, die mit der Gruppe sympathisierten, aber nicht Mann und Kinder verlassen wollten, steckten ihnen Münzen zu. Auch Petrus und andere, die mit Jesus zogen, werden auf regelmäßige Zuwendungen durch ihre Frauen, Kinder und andere Familienangehörige gezählt haben. So kehrte Jesus regelmäßig in das Haus des Petrus in Kapernaum oder nach Betanien in das Haus von Maria, Marta und Lazarus ein.

Warum aber wurden sie unterstützt? Weil sie etwas taten, was viele gut fanden, aber nicht jeder tun wollte oder konnte. Sie taten es nicht nur für sich, sondern auch für andere Menschen. Deshalb wurden sie unterstützt. So gliederte sich der Kreis um Jesus in verschiedene Gruppen. Da war einmal der esoterische Kreis der zwölf Jünger. Dann gab es eine weitere Gruppe von 72 Jüngern und darüber hinaus viele Einzelpersonen, durch die sie geistliche und materielle Unterstützung erhielten. Diese Menschen teilten Jesu Anliegen, das er einmal vor seinen Jüngern mustergültig formulierte:

> »Was hülfe es dem Menschen,
> wenn er die ganze Welt gewönne
> und nähme doch Schaden
> an seiner Seele?«
> (Matthäus 16.26)

Das war es, wovon alle überzeugt waren. Wie viele Jünger und Jüngerinnnen insgesamt dem Ruf Jesu folgten, wissen wir nicht. Die Gruppenstärke von zwölf und 72 hat einen symbolischen Wert. Bis zum Turmbau von Babel, so glaubte man, gab es nur die hebräische Sprache. Doch Gott hatte sich über das ehrgeizige Bauvorhaben so geärgert, dass er nicht nur den Turm zerstörte, sondern auch die Sprache der Menschen verwirrte. Aus der einen Ursprache wurden 72 Sprachen. Fortan hatte die Menschheit ein Kommunikationsproblem. Die Zahl 72 stand also symbolisch für die Sprachenvielfalt der Welt. Wenn Jesus 72 Jünger erwählt, dann ist dies ein symbolischer Akt der Wiederherstellung der verlorenen Einheit. Die Botschaft vom Weg der Liebe war für alle Menschen auf der Welt gedacht. Die Zahl Zwölf wiederum sollte bewusst an die zwölf Stämme Israels erinnern.

Hatte Jesus einen Lieblingsjünger?

Gott liebt alle Menschen gleich, heißt es. Darf Jesus da einen Lieblingsjünger haben? Jesus waren menschliche Regungen nicht fremd. Er hatte Hunger und Durst, er konnte vor Freude jubeln, als es seinen Jüngern gelang, kranke Menschen zu heilen. Er weinte mit Maria und Marta, und vor seinem Tod hatte er schreckliche Angst. Doch ebenso konnte er ungeduldig und zornig werden. Auch unter den Jüngern ging es immer wieder recht emotional zu. Jeder wollte der Beste sein, jeder der Liebling des Meisters. Wer ist der Größte im Himmelreich? Wer ist der Beste? Wer zeigt die größte Frömmigkeit? So lauteten die typischen Männerfragen. Jesus aber stellte vor seine Jünger ein Kind und sagte: Werdet wie die Kinder! Lasst euch beschenken! Die Jünger hatten sich mit Jesus auf den Weg begeben. Doch der innere Weg zum Ziel war noch weit. Sogar unmittelbar vor seinem Tod kam es zu Rangstreitigkeiten in der Männergruppe.

Die Namen der zwölf wichtigsten Jünger lauten: Andreas und Simon, sie waren Brüder und übten den Beruf des Fischers aus. Dann das Brüderpaar Jakobus und Johannes, die Söhne des Zebedäus. Weiter: Philippus, Bartholomäus, Matthäus, Thomas, Simon Kananäus, Judas Iskariot und Jakobus, der Sohn des Alphäus. Jesus liebte es, seinen Jüngern »Spitznamen« zu geben. So nannte er Simon auch Petrus, was »der Fels« bedeutet. Das Brüderpaar Jakobus und Johannes rief er mit dem Namen »Donnersöhne«. Beide Spitznamen lassen Rückschlüsse auf den Charakter dieser Jünger zu. Unter den weiteren namentlich bekannten Jüngern ist Jesu Halbbruder Jakobus hervorzuheben. Er gehörte nicht zu dem Zwölferkreis, sondern war nach Jesu Tod der Vorsteher der Jerusalemer Gemeinde. Sein Titel lautete »Bruder des Herrn«. Ob er erst nach dem Tod Jesu durch eine Berufungsvision sein Jünger wurde oder bereits zu Lebzeiten, wissen wir nicht. Die Familie Jesu war jedenfalls zuerst wenig begeistert von seinem Auftritt in Nazaret und anderswo. »Denn auch seine Brüder glaubten nicht an ihn«, so heißt es (Johannes 7.5). Und an anderer Stelle ist die Reaktion der Familie noch krasser. Brutal kommentieren sie die Berufung der zwölf Jünger mit den Worten: »Er ist von Sinnen.« (Markus 3.21) Modern gesprochen: Der Mann ist ein Fall für die Psychiatrie! Da sind Unverständnis und Eifersucht mit im Spiel. Jesus, so glauben sie, hatte sich mit den Jüngern eine Ersatzfamilie geschaffen. Auch Jesus ist im Streit mit seiner Familie nicht zimperlich. Er sagt es seiner Mutter, den Brüdern und Schwestern vor aller Öffentlichkeit direkt ins Gesicht: Mutter, Bruder und Schwester sind diejenigen, die Gottes Willen folgen. Wir können uns vorstellen, welchem Druck die Familie ausgesetzt war. Das Auftreten Jesu und die Gründung einer Jüngergruppe waren ihnen schlichtweg peinlich. Auf beiden Seiten gab es Überspanntheiten, die sich im Laufe der Zeit jedoch lösten. Maria und der Bruder Jakobus haben irgendwann die Berufung Jesu erkannt und sich bedingungslos für seinen Weg der Liebe eingesetzt.

Die zwölf Jünger bildeten den innersten Zirkel, doch unter ihnen ragten Jakobus, Johannes und Petrus hervor. Sie sind bei der Auferweckung der Tochter des Jairus dabei, ebenso bei der Verklärung auf dem Berg Tabor und im Garten Gethsemane. Als die Jünger durch Maria von Magdala von der Auferstehung Jesu hören, veranstalten Johannes und Petrus einen Wettlauf zum leeren Grab. Wer gewinnt, das liegt auf der Hand: Johannes, denn er war der Lieblingsjünger Jesu. Kein Wunder, dass dieser Name einen besonderen Klang für ihn besaß. Hatte er doch während der Taufe durch einen Namensvetter seines Jüngers Gottes Liebe so intensiv gespürt wie noch nie. Beim letzten Abendmahl sitzt Johannes neben Jesus und lehnt voll zärtlicher Hingabe das Haupt an seine Brust. Mit ihm teilt Jesus auch seine Geheimnisse. Dieser innige Augenblick ist später auf zahllosen Bildern dargestellt worden. Die zärtliche, erotische Liebe unter Männern wird nach diesem Lieblingsjünger Johannesliebe oder Johannesminne genannt. Dies bedeutet jedoch nicht, dass Jesus und Johannes schwul waren.

War Petrus der erste Papst?

Leonardo da Vinci, Salvador Dali und viele andere Künstler haben Jesus im Kreis seiner Jünger gemalt. In der mittelalterlichen Kunst sind zwei Personen sofort zu erkennen. Beide halten einen symbolischen Gegenstand in der Hand: Judas einen Geldsack und Petrus einen Schlüssel. Der Fischer Simon sollte eine Art Fels in der Brandung sein, deshalb nannte ihn Jesus auch Petrus oder Kephas, was Fels bedeutet. Wie Jesus am Jordan, so hatte auch Petrus am Wasser sein Berufungserlebnis gehabt. Er lebte in einem Familienverband am See Genezareth. Seine Großfamilie unterstützte ihn nach dieser Lebenswende finanziell und emotional. Petrus war verheiratet, und seine Frau duldete nicht nur die neue spirituelle Entwicklung ihres Mannes, sondern förderte sie später durch eigene Missionstätigkeit. Jesus wiederum war häufig Gast in der Großfamilie und hatte auch die Schwiegermutter des Petrus geheilt. Nach dem Bericht des Evangelisten Johannes war der Kontakt zwischen Jesus und der Familie durch den Bruder Andreas zustande gekommen. Er sah Jesus, ging zu seiner Familie und rief: »Wir haben den Messias gefunden« (Johannes 1.41). Andere erzählen nur von der Berufung der Brüder oder verknüpfen sie mit einem Naturwunder, dem Fang einer großen Menge von schmackhaften Petersfischen, die es noch heute im See Genezareth gibt. Wie auch immer es zu dem ersten Kontakt gekommen war: Die Brüder identifizierten sich mit Jesus. Dieser gab ihnen den Titel Menschenfischer. Für Petrus, Andreas und die anderen ehemaligen Fischer im Jüngerkreis hatte dieser Titel wahrscheinlich einen humorvollen Beiklang. Moderne Ohren hören ihn nicht so gern, erinnert er doch ein wenig an die Strategie von Scientology und anderer Sekten. Denn wer lässt sich schon gerne einfangen oder geht Seelenfischern ins Netz?

Johannes besaß die besondere emotionale Zuwendung Jesu, Petrus aber war der Mann, dem Jesus bei aller Gleichheit der Jünger doch eine besondere Rolle zusprach. Die folgenden Worte haben später Kirchengeschichte geschrieben, und ihre unterschiedliche Deutung führte zur Spaltung der Kirche. Sie lauten:

»Du bist Petrus, und auf diesen Felsen will ich meine Gemeinde bauen, und die Pforten der Hölle sollen sie nicht überwältigen. Ich will dir die Schlüssel des Himmelreiches geben. Alles, was du auf Erden binden wirst, soll auch im Himmel gebunden sein, und alles, was du auf Erden lösen wirst, das soll auch im Himmel gelöst sein.« (Matthäus 16.18–19)

Fels und Schlüssel sind die beiden Symbole in diesem Auftrag. In einer Zeit, wo es noch keine Betonfundamente gab, war ein Fels die beste Basis für den Hausbau. Mit Petrus sollte also nach Jesu Willen der Aufbau einer Gemeinde beginnen, die Jesu Botschaft von der Liebe bis ans Ende der Zeit weitergab. Der Schlüssel war ein spirituelles Symbol. Schlüssel sind Türöffner zum Herzen, Schlüssel eröffnen Zugänge zu neuen Dimensionen. Petrus werden hier die Schlüssel zum Himmelreich übergeben. Das heißt, er hat die Vollmacht, er hat die Schlüsselgewalt, er bestimmt, wer in den Himmel kommt und wer nicht. So sehen wir Petrus auf vielen Bildern mit einem Schlüssel in der Hand vor der Pforte des Himmels stehen.

Was veranlasste Jesus, diesem Jünger eine Art Stellvertreterrolle auf Erden zu geben? War es nicht purer Leichtsinn, geboren aus der Überschwänglichkeit der Gefühle, weil Petrus die besondere Berufung Jesu erkannt hatte und weil er die Worte wiederholte, die Jesus während seiner Taufe vernommen hatte: Du bist der Sohn des lebendigen Gottes!

Kaum hatte Jesus diesen Jünger mit einer Art Vollmacht ausgestattet, da musste er ihm bereits eine schroffe Abfuhr erteilen. Jesus hatte zum ersten Mal von seinem Leiden am Kreuz gesprochen. Petrus nahm ihn daraufhin zur Seite und sagte heimlich: »Gott bewahre dich, Herr! Das widerfahre dir nur nicht!« Er, der gerade noch die Berufung Jesu erkannt hatte, er hatte offenbar nichts verstanden. Seine Worte erinnerten Jesus an die Zeit in der Wüste und die Versuchungen durch den Teufel. Petrus, eben noch zum Stellvertreter mit Schlüsselgewalt berufen, erscheint Jesus jetzt als Inkarnation des Bösen: »Geh weg von mir, Satan!«, ruft er. »Du bist mir ein Ärgernis; denn du meinst nicht, was göttlich, sondern was menschlich ist.« (Matthäus 16.23)

Auch weitere Schattenseiten des Petrus werden nicht verschwiegen: Im Garten Gethsemane verbringt Jesus die letzte Nacht in Freiheit. Er hat Todesangst und bittet Petrus um seinen Beistand. Was aber macht der Erwählte? Er schläft! Als Jesus am nächsten Tag gefangen genommen wird, verleugnet ihn Petrus drei Mal und schwört einen Meineid. Menschliche Schwächen und Fehlverhalten stehen neben Selbstüberschätzung und Glaubensschwäche. Als Jesus über den See Genezareth wandelt, will auch Petrus aussteigen und dieses Naturwunder wiederholen. Doch kaum bläst der Wind etwas rauher, da überkommt ihn Furcht, und er beginnt im Wasser zu versinken.

Erst nach dem Tod Jesu wächst Petrus in die Rolle hinein, die ihm zugeteilt worden war. Er geht nach Rom, tauft dort in den Wassern des Tiber und wird nach zwölfjähriger Missionstätigkeit mit dem Kopf nach unten gekreuzigt. Vor den Toren der Stadt Rom, so erzählt es die Legende, war es zu einer Begegnung zwischen Jesus und Petrus gekommen. Der Mann mit dem Schlüssel hatte Jesus gefragt: »Herr, wohin gehst du?« (Quo vadis, domine?), und dieser hatte geantwortet: »Nach Rom hinein, um wiederum gekreuzigt zu werden.« Jesus war der Prophet der Liebe. Er glaubte, dass sich die wahre Liebe auch in Angst, Leid, Sterben und Tod zu bewähren habe. Eine solche Liebesmystik konnte Petrus nicht nachvollziehen.

Er wollte so sein wie Jesus, deshalb war er ihm ja gefolgt. Doch wie schwer war der Weg der Liebe! Er hatte es erfahren. Jetzt sollte er werden wie Jesus. Dieser hatte es ihm noch zu Lebzeiten angekündigt: »Als du jünger warst, gürtetest du dich selbst und gingst, wo du hin wolltest; wenn du aber alt wirst, wirst du deine Hände ausstrecken, und ein anderer wird dich gürten und führen, wohin du nicht hin willst.« (Johannes 21.18)

Petrus wurde in Rom begraben, und über seinem Grab wurde später der Petersdom errichtet. Auf seiner Kuppel sind die Worte Jesu in goldenen Lettern zitiert: »Du bist Petrus – TU ES PETRUS.« Seit Leo I. (440–461) setzte sich der Primatsanspruch des römischen Bischofs durch. Die Bezeichnung »Papst« stammt aus dem 11. Jahrhundert, und im Jahr 1870 wurde die Lehre von der Unfehlbarkeit des Papstes aufgestellt. Nach katholischer Überzeugung war Petrus der erste Bischof von Rom und zugleich der erste Papst. Wenn dies stimmt, dann war der erste Papst verheiratet und hatte seinen Herrn drei Mal verraten.

Warum verriet Judas Jesus?

Judas war nicht der Einzige, der Jesus verraten hatte. Doch er wurde ein Sündenbock für die Schuld vieler Jünger. Während Petrus bald nach seinem Tod Karriere als erster Papst machte, war man sicher, dass Judas mit dem ewigen Feuer der Hölle bestraft wurde. Die Begründung für dieses furchtbare Schicksal erscheint uns heute absurd. Judas, so hieß es, sitze nicht in der Hölle, weil er Jesus verraten hatte. Verrat konnte bei aufrichtiger Reue vergeben werden. Petrus hatte nach dem Meineid bitterlich geweint. Das rettete ihn vor dem Schicksal des ewigen

Feuers. Judas dagegen saß in der Hölle, weil er Selbstmord begangen hatte. Aus Verzweiflung über seinen Verrat nämlich hatte sich Judas erhängt. Verzweiflung (desperatio) wiederum galt als Todsünde, denn vor der unendlichen Gnade Gottes braucht niemand zu verzweifeln. Wer sich umbrachte, der glaubte also nicht an Gott. So lautete die Logik, nach der über Jahrhunderte Selbstmörder behandelt wurden.

Dass Judas Hand an sich gelegt hatte, ist nicht eindeutig belegt. Nur ein Evangelist berichtet von diesem Suizid (Matthäus 27.5). Nach dem Bericht des Lukas (Apostelgeschichte 1.19) starb er durch ein Gottesurteil. Von den dreißig Silberlingen, die er für den Verrat Jesu erhalten hatte, sollte er sich einen Acker gekauft haben. Dieser Acker mit dem sprechenden Namen Blutacker (Hakeldamach) wurde sein Grab. Judas stürzte so unglücklich, dass seine Bauchdecke aufplatzte und die Eingeweide hervorquollen.

Petrus hatte Jesus aus Angst um sein eigenes Leben verraten. Dieses Motiv ist menschlich und glaubwürdig. Dass aber ein Jünger, der freiwillig auf allen Besitz verzichtet hat, um mit Jesus den Weg der Liebe zu gehen, aus Geldgier seinen Herrn verrät, ist unwahrscheinlich. Was, in aller Welt, will jemand wie er mit einem Acker? Etwa Getreide oder Gemüse anbauen oder eine Viehzucht beginnen? Oder hatte Judas vielleicht doch ein Motiv? Zur Zeit Jesu gab es politische Widerstandsgruppen, die sich gegen die Herrschaft der Römer auflehnten. Sie wurden Eiferer oder Zeloten genannt. Vielleicht war Judas ein Zelot gewesen, der von einem politischen Führer und Revolutionär geträumt hatte und am Ende von Jesus enttäuscht war? Nach seiner revolutionären Phase wollte er sich ein Stück Land kaufen und ein ruhiges Leben führen. Dieser bürgerlich gewordene Judas passt aber nicht in die Zeit Jesu. Geld war nicht sein Motiv, Enttäuschung auch nicht, denn Jesus hatte seine Berufung niemals rein politisch verstanden. Gebt dem Kaiser, was des Kaisers ist, und gebt Gott, was Gott gehört, hatte er gesagt. Das bedeutete: Der Weg der Liebe ist in jedem politischen System möglich.

Die Begründung für den Verrat, die wiederum Lukas gibt, ist mystischer Art. Der Satan sei in Judas gefahren. Daraufhin habe dieser seinen Herrn an die römische Besatzungsmacht und die jüdischen Priester in Jerusalem verraten (Lukas 22.3). Dieser Eingriff des Teufels aber gehörte wie die Versuchung Jesu in der Wüste zum geheimen Plan Gottes. Jesus selbst enthüllt ihn teilweise an gleicher Stelle, wenn er den Fall Judas mit folgenden Worten vor den anderen Jüngern kommentiert: »Siehe, der Satan hat begehrt, euch zu sieben wie den Weizen.« (Lukas 22.31) Jesus war getragen von der Vorstellung, dass sich die Liebe auch im Angesicht des Todes zu bewähren habe. Mehrfach hatte er seinen Tod angekündigt, und immer wurde er dabei von seinen Jüngern nicht verstanden. Sowohl Satan als auch Judas treiben Jesu Schicksal voran. Der Verrat des Judas verwirkt nur, dass sich auf Erden erfüllt, was als Plan Gottes gilt. Der Verräter Judas und der Widersacher Satan sind Erfüllungsgehilfen der Gnade. Welch ein geheimnisvoller Gedanke! Wer will da von einer Schuld des Judas sprechen?

6 Die Botschaft: Das Himmelreich ist nahe!

War Jesus Pazifist?

Im Jahr 1973 erhielt ich wie alle jungen Männer meines Jahrgangs den Musterungsbescheid. Ich war darauf vorbereitet und verweigerte den Wehrdienst. Dazu war eine schriftliche Begründung abzugeben. Anschließend hatte ich meine Gewissensentscheidung vor einem Gericht zu vertreten. Welcher Art die zu erwartenden Fragen waren, wusste ich. Dazu zwei Beispiele: 1. Sie gehen mit Ihrer Freundin im Wald spazieren. Ein Mann überfällt Sie aus dem Hinterhalt und will Ihre Freundin vergewaltigen. Sie halten einen Knüppel in der Hand. Was tun Sie? 2. Über einer Millionenstadt fliegt ein wahnsinniger russischer Pilot. Er will eine Atombombe abwerfen. Sie haben die Möglichkeit, ihn mit einer Rakete abzuschießen und damit den Massenmord zu verhindern. Was tun Sie?

Als Wehrdienstverweigerer wurde nur ein radikaler Pazifist anerkannt. Ein solcher war ich aus tiefster Überzeugung, und ich berief mich dabei auf die Bergpredigt Jesu (Matthäus 5–7). Dort las ich: Selig sind die Sanftmütigen, die Barmherzigen, die Friedfertigen. Sie sind das Salz der Erde und das Licht der Welt. Wenn sie geschlagen werden, dann halten sie dem Gegner noch die andere Wange hin und entwaffnen ihn somit aus dem Geist der Liebe. Ja, wenn wir Feinde lieben und für unsere Verfolger bitten, dann werden auch sie den Weg der Liebe gehen.

Kann man mit der Bergpredigt Politik machen? Helmut Schmidt sagte damals entschieden »Nein«. Meine Freunde und ich waren da anderer Meinung. Frieden schaffen geht nur ohne Waffen, dachten wir. Ich wurde als Wehrdienstverweigerer anerkannt und leistete meinen Zivildienst im Synodalen Jugendpfarramt des Kirchenkreises Münster.

Ob die Bergpredigt jemals so stattgefunden hat, wie es der Evangelist Matthäus erzählt, wissen wir nicht. Vielleicht hat er einzelne Worte Jesu gesammelt und daraus eine Rede komponiert. Das spielt letztlich keine Rolle, denn der Ton ist echt, und der Ort, wenn er wirklich erfunden sein sollte, ist hervorragend gewählt, denn der hohe, die Seelen unzähliger Menschen begeisternde Klang der Worte Jesu passt zu der Höhenlage eines Berges: Seid wie die Vögel unter dem Himmel und wie die Lilien auf dem Felde. Sorgt euch nicht um Kleidung und Nahrung. Konzentriert euch im Leben auf das, was wirklich wichtig ist, und alles andere wird plötzlich leicht. Ja, das sind Worte, die einen Überblick verschaffen. Wer auf diesen Berg der Spiritualität gestiegen ist, der gewinnt Klarheit und Mut zu neuen Entscheidungen. Also kein Wenn und Aber, kein Vielleicht oder Möglicherweise trüben die Euphorie und schränken den Idealismus ein. Jedes Wort atmet Zuversicht. Wer sich auf Gott einlässt, dem wird alles zufallen. Wer bittet, dem wird gegeben. Wer sucht, der wird finden. Wer klopft, dem wird aufgetan.

Was aber geschieht, wenn sich jemand nicht vom Feuer der Bergpredigt entflammen lässt? Wenn er nicht durch die enge Pforte den Weg der Liebe geht, sondern den breiten Weg der Selbstbezogenheit wählt? Die Worte Jesu sind auch hier eindeutig: Es gibt Menschen, die gehen den Weg des Unfriedens. Sie sind wie ein Baum, der keine Früchte bringt und der deshalb abgeholzt wird. Sie sind wie ein Haus, das auf Sand gebaut ist. Sie kommen nicht in das Himmelreich, sondern werden in den Flammen der Hölle enden (Matthäus 5.22 und 29; 7.19). Wenn ich heute die Bergpredigt aufschlage, dann wundere ich mich über die vielen Worte Jesu, die wir Anfang der Siebziger Jahre einfach überlesen hatten. Dazu gehört auch dieses: »Ihr sollt nicht meinen, dass ich gekommen bin, Frieden zu bringen auf die Erde. Ich bin nicht gekommen, Frieden zu bringen, sondern das Schwert.« (Matthäus 10.34) Erfüllte Jesus selbst den Tugendkatalog der Bergpredigt? Wie verträgt sich sein Ruf nach Barmherzigkeit, Friedfertigkeit und Sanftmütigkeit mit solchen knallharten Worten? Vielleicht sollten sie die trägen Herzen wachrütteln. Vielleicht wollten sie den Ernst der Lage zeigen. »Entscheidet euch, welchen Weg ihr gehen wollt!«, forderte Jesus immer wieder. Sagt Ja oder Nein! Und wenn dich ein bestimmter Charakterzug daran hindert, den Weg der Liebe zu gehen, dann überwinde ihn! Drastischer kann man den Ruf zur Entscheidung für die Wahrheit nicht formulieren, als es Jesus selbst getan hat: »Wenn dich aber deine Hand zum Abfall verführt, so haue sie ab! Es ist besser für dich, dass du verkrüppelt zum Leben eingehst, als dass du zwei Hände hast und fährst in die Hölle, in das Feuer, das nie verlischt. Wenn dich dein Fuß zum Abfall verführt, so haue ihn ab! Es ist besser für dich, dass du lahm zum Leben eingehst, als dass du zwei Füße hast und wirst in die Hölle geworfen. Wenn dich dein Auge zum Abfall verführt, so wirf es von dir! Es ist besser für dich, dass du einäugig in das Reich Gottes gehst, als dass du zwei Augen hast und wirst in die Hölle geworfen, wo ihr Wurm nicht stirbt und das Feuer nicht verlischt.« (Markus 9.43–47)

Sind diese Worte wirklich wörtlich zu nehmen, oder wollte Jesus nur ein wenig provozieren? Gelten sie allen Menschen oder nur einer auserlesenen Schar von Jüngern und Jüngerinnen? Darüber wurde und wird gestritten. Der Kirchenvater Origenes jedenfalls nahm die Anweisung Jesu wörtlich, und weil er sich durch die eigene Sexualität von seinem spirituellen Streben abgelenkt fühlte, kastrierte er sich kurzerhand selbst um des Himmelreiches willen. Andere wiederum sagten: Jesus habe seine radikale Ethik so gemeint, wie er es gesagt habe. Seine Tugenden bildeten eine Art Endzeitmoral oder Interimsethik. Er war überzeugt, dass schon bald die bestehende Welt untergehen und das Reich Gottes kommen werde. Hier habe sich Jesus geirrt.

Wie lautet Jesu berühmtestes Gleichnis?

Auch die Gleichnisse und Beispielgeschichten haben eine Schattenseite. Der verlorene Sohn hatte sein Erbteil in der Fremde verprasst, anschließend die Säue gehütet und sich dann entschlossen, wieder nach Hause zu gehen. Sein Vater nimmt ihn ohne jede Bedingung auf. Nicht anders handelt Gott. Er ist voller Güte und Gnade gegenüber allen Menschen, die sich ihm zuwenden. Das Gleichnis vom verlorenen Sohn (Lukas 15.11–32) ist das berühmteste der Bibel. Rainer Maria Rilke, Andre Gide, Franz Kafka, Robert Walser und viele andere Dichter haben es nacherzählt und damit auf ihr Leben übertragen. In der Schule wird es immer wieder durch Rollenspiele und kreatives Schreiben erschlossen. Jeder kennt es also.

Gott ist die Liebe. Der Mensch aber reagiert mit Eifersucht auf diese Liebe. Selbst die Jünger sind nicht frei davon. Jesus hatte es selbst in Nazaret und anderswo erfahren, dass seine Worte auch auf schroffe Ablehnung stießen. Im Gleichnis vom verlorenen Sohn und dem gütigen Vater reagiert der zweite Sohn mit Wut und Zorn auf die Vaterliebe. Er war die ganze Zeit zu Hause geblieben, hatte treu seine Pflichten erfüllt und sich keine Eskapaden geleistet. Daher empfindet er die Güte des Vaters als ungerecht.

Neben seiner Tätigkeit als Heiler ist Jesus vor allen Dingen ein Erzähler. Jedes seiner Gleichnisse ist mehrdeutig. Es kann nicht nur aus unterschiedlichen Blickwinkeln betrachtet werden, sondern es wirkt auch bei wiederholtem Lesen jeweils anders. Gleichnisse schaffen daher einen Raum der Nachdenklichkeit. Deshalb werden sie ja auch von Jesus erzählt. Mystikerinnen deuteten seine Gleichnisse ganz anders, als es heute in Kirche und Schule üblich ist. Die beiden Söhne des Vaters bezog Hildegard von Bingen auf die Engel und die Menschheit. Das Gleichnis erzählte also vom Sündenfall des Menschen und seiner Rückkehr in den Himmel unter dem Protest der Engel. Auch das Gleichnis vom verlorenen Schaf (Lukas 15.1–7) wurde in dieser Weise gelesen. Gott besaß 100 Schafe. Eines ging verloren. Da ließ er die 99 zurück und suchte das eine. Die 99 Schafe wurden auf die Engel im Himmel bezogen, das verlorene Schaf auf die Menschheit.

Die Botschaft von der Umkehr, die Aufforderung, den Weg der Liebe zu gehen, galt allen Menschen. Aber nicht jeder ließ sich ansprechen, und nicht jedes Schäfchen folgte seinem Herrn zurück in den himmlischen Schafstall. Das war nicht nur schmerzhaft für alle Frauen und Männer, die Jesus nachfolgten, das war irritierend und zutiefst rätselhaft. Wo das Licht erscheint, da tritt auch der Schatten hervor. Priester und Levit beugen sich nicht zu dem Verletzten nieder, um ihm zu helfen. Nur einer, ein Mann aus Samaria, folgt der Stimme des Gewissens und steht dem Notleidenden bei. Der reiche Mann lebt in Saus und Braus und hat keinen Krümel für den armen Lazarus übrig. Und viele, die zum großen Mahl der Liebe eingeladen worden sind, machen sich nicht auf den Weg. Die Gleichnisse Jesu erzählen nicht nur von glücklich verlaufenen Lebenswenden, von Heimkehr und Gottesbegeisterung. Über ihnen liegt auch zuweilen der dunkle Schleier der Melancholie und der Trauer über die Widerstände, die Jesu Worte von der Liebe finden.

Wer waren die Pharisäer und Zöllner?

Manchmal klingt es schon ein wenig nach Schwarzweiß-Malerei, wenn in den Evangelien immer wieder den guten Zöllnern die bösen Pharisäer gegenüber gestellt werden. Sie stehen wie Karikaturen für Nachfolge und Ablehnung, Zustimmung und Spott. Wer waren diese beiden Personengruppen? Die Zöllner erhoben im Namen der römischen Besatzungsmacht beim Passieren von Straßen, Brücken, Pässen und Stadttoren Zölle. Sie hatten ihre Zollstation gepachtet und mussten in der Regel die Zolleinnahmen vorstrecken. So waren sie notorisch verschuldet und versuchen nicht nur auf legalem Weg, ihre Einkünfte hochzutreiben. Bestechung, Willkür und Nötigung waren an der Tagesordnung. Wer einmal die Grenze von Uzbekistan nach Tadschikistan passiert hat, der kennt diese Mafia-ähnlichen Methoden. Zöllner waren üble Burschen. Dazu galten sie aus jüdischer Sicht als rituell unrein. Sie hatten täglich Kontakt zu Nichtjuden aus aller Herren Länder und konnten nicht einmal die Tempelsteuer rechtmäßig zahlen, da auch ihr Einkommen aus Betrug und Erpressung stammte. So war es schon eine bewusste Provokation, wenn Jesus nicht nur im Haus des Oberzöllners Zachäus einkehrte, sondern sogar einen Zöllner zu seinen Jüngern zählte. Dieser Zöllner mit Namen Matthäus oder Levi hatte seinen Beruf aufgegeben und war Jesus nachgefolgt. Das erregte den Widerspruch der Pharisäer. Wieso sitzt Jesus mit Betrügern und Mafiosi an einem Tisch? Jesus war um eine Antwort nicht verlegen: Er sei der Arzt für die Kranken und der Prediger für die Sünder. Jesus zweifelte nicht daran, dass Zöllner üble Burschen waren und ein böses Handwerk ausübten. Der kontroverse Punkt zwischen ihm und den Pharisäern war folgender: Können aus Sündern wieder

Gerechte werden, und aus Kranken wieder Geheilte? Jesus war überzeugt, dass jeder Mensch einen falschen Weg verlassen könne. Die Pharisäer glaubten nicht an die Macht der Wandlung. Wer waren sie?

Der Name Pharisäer bedeutet »Abgesonderte«. Mit diesem Namen verband sich der Anspruch auf Heiligkeit und kultische Reinheit. Der zentrale Kultort war Jerusalem. Hier konnte Gott durch Gebet und Opfer verehrt werden. Doch hatte Gott seinen Willen in dem großen Gesetzeswerk des Moses kundgetan. Wer diese heiligen Gesetze studierte, wer die heiligen Texte las, der übte auch eine Art Gottesdienst aus. Gott war unsichtbar. Niemand hatte ihn je gesehen, nicht einmal Moses, als er hoch oben auf dem Berg Sinai aus der Hand Gottes die steinernen Tafeln der Zehn Gebote erhalten hatte. Aber, was Gottes Wille war, das konnte in den heiligen Texten nachgelesen werden. Doch wenn zwei oder drei zusammenkamen und die Gesetze studierten, dann gab es unter ihnen verschiedene Meinungen, wie die Anforderungen auszulegen waren. War alles, was in den fünf Büchern Moses stand, wörtlich zu nehmen? Diese fundamentalistische Lesart hatten die Sadduzäer. Dass die göttlichen Gebote in jeder Zeit immer auch neu bedacht und ausgelegt sein wollten, war die Meinung der Pharisäer. Neben der Thora erkannten sie auch die mündlichen Lehren der großen Lehrer an, die sich in Jahrhunderten angesammelt hatten.

Die Verwaltung und Deutung der Thora lag über Jahrhunderte in der Hand der Priester. Sie glaubten eine Art Monopolstellung für den Opferdienst und das Heilige schlechthin zu besitzen. Gegen ihre Deutung hatte es immer wieder Widerspruch durch die Propheten gegeben. Die Pharisäer lehrten eine Art Laienfrömmigkeit und die Bedeutung der mündlichen Thora. Gott konnte in Gebet und Schriftlesung überall verehrt werden. Die Pharisäer förderten daher die Lesekompetenz der männlichen Kinder. Der Ort des religiösen Lehrens und Lernens war die Synagoge. Auch Jesus war in ihre Schule gegangen. Was ihn an der Moral der Pharisäer störte, das waren ihre Neigung zum religiösen Perfektionismus, ihre Überheblichkeit und Selbstgerechtigkeit. Im Gleichnis vom Pharisäer und Zöllner karikiert er das Verhalten der Frommen: Ein Pharisäer und ein Zöllner waren in den Tempel von Jerusalem gegangen. Der Pharisäer stand nahe am Allerheiligsten, der Zöllner verharrte mit demutsvoll nach unten gesenktem Blick in der Ferne und schlug sich reumütig an die Brust. Der Pharisäer betete: »Ich danke dir, Gott, dass ich nicht bin wie die anderen Leute, Räuber, Betrüger, Ehebrecher oder auch wie dieser Zöllner. Ich faste zweimal in der Woche und gebe den Zehnten von allem, was ich einnehme.« Dem Zöllner dagegen fehlten die Worte. Er brachte nur ein Stoßgebet hervor: »Gott, sei mir Sünder gnädig!« (Lukas 18.13)

Auf beiden Seiten hat es nicht an Gesprächsangeboten gefehlt. Auch gab es heimliche Kontakte zwischen Jesus und einem führenden Pharisäer mit Namen Nikodemus. Er suchte Jesus im Schutz der Dunkelheit auf und führte mit ihm religiöse Gespräche. Von einem anderen Pharisäer wurde Jesus zu einem Arbeitsessen eingeladen. Man hatte sich bereits zu Tisch gelegt, da monierte der Gastgeber, dass sich Jesus vor der Mahlzeit nicht die Hände gewaschen hatte. Diesen Vorwurf nahm Jesus zum Anlass, um seine Gedanken über rituelle und spirituelle Reinheit zu entfalten. Vor Gott komme es auf die Reinheit des Herzens an, nicht auf äußerliche rituelle Reinheit. Die Frömmigkeit der Pharisäer halte sich an reinen Äußerlichkeiten fest, Gott aber schaue allein in das Herz des Menschen. Bei den Pharisäern finde er nur Heuchelei und Unrecht. Ihre Frömmigkeit verschließe die Pforten des Himmelreiches, statt den Weg für alle Menschen zu öffnen. So waren die Differenzen letztlich unüberwindlich, und schließlich verhärteten sich die Fronten total: »Weh euch, Schriftgelehrte und Pharisäer, ihr Heuchler, die ihr den Zehnten gebt von Minze, Dill und Kümmel und lasst das Wichtigste im Gesetz beiseite, nämlich das Recht, die Barmherzigkeit und den Glauben!« (Matthäus 23.23)

Manchmal kann gerade ein offenes Wort klare Verhältnisse schaffen. Auch Drohworte und Ermahnungen können den Ernst der Lage signalisieren und somit positive Kräfte zur Umkehr freisetzen. Doch Jesus trieb die Konfrontation so auf die Spitze, dass er bei den jüdischen Gelehrten und den Priestern auf Ablehnung stoßen musste. Im Tempel hatte er die Gelegenheit, mit den Hohepriestern und dem Ältestenrat zu debattieren. Wie aber reagiert er? Er sagt: »Die Zöllner und Huren kommen eher ins Reich Gottes als ihr.« (Matthäus 21.31) Das zeugt nun wahrlich nicht von Diplomatie. Gott habe Moses und die Propheten geschickt, um schrittweise ein spirituelles Reich zu errichten, sagt Jesus. Nun aber beginne eine neue Zeit, an der die alten religiösen Führungskräfte keinen Anteil mehr hätten. Im Klartext: »Das Reich Gottes wird von euch genommen und einem Volk gegeben werden, das seine Früchte bringt.« (Matthäus 21.43)

Wann beginnt das Reich Gottes?

Seit es uns Menschen gibt, träumen wir von einer neuen, besseren Welt. Wir nennen sie Paradies auf Erden, goldenes Zeitalter, Nirvana, reines Land, Friedensreich des Messias, Utopia, Palau, und wir haben Tausend andere Namen dafür. Die Zeit, in der Jesus lebte, war voller Erwartungen. Johannes hatte bereits vom Reich Gottes gepredigt, jüdische Sekten bereiteten sich in der Abgeschiedenheit einer Klosteranlage am Toten Meer auf die Ankunft des Erlösers vor. Auch Jesus war durchdrungen von dem Glauben an ein neues Zeitalter. Er nannte es das Reich Gottes oder das Himmelreich. Natürlich interessierten sich die Menschen, die seinen Worten und Gleichnissen zuhörten oder ihm gar als Jünger oder Jüngerin nachfolgten, für die Frage: Wann beginnt das Reich Gottes? Morgen? Nächste Woche? In einem Jahr? Oder vielleicht erst nach dem Tod? Auf diese Fragen hatte Jesus eine merkwürdige Antwort. Einerseits sagte er, das Reich Gottes habe bereits begonnen: Wenn du glaubst, dann ist der Himmel in dir! Und er verwies auf die Kranken, die er geheilt, und die Dämonen, die er ausgetrieben hatte. Das alles seien Zeichen für seine Gegenwart. Zugleich aber stehe die Vollendung des Reiches Gottes noch aus. Es habe also bereits begonnen und liege zugleich noch in der Zukunft. Ein mystischer Gedanke, in der Tat.

Das Reich Gottes war ein Geheimnis. Es konnte nur in Gleichnissen angedeutet werden, und Jesus war kreativ genug, immer neue Bildworte zu finden: Das Reich Gottes sei wie ein winziges Senfkorn. Noch wachse es unsichtbar im Erdboden, aber schon bald werde es zu einer zwei Meter hohen Pflanze emporschießen und für jedermann sichtbar sein. Das Himmelreich sei wie ein Krümelchen Sauerteig. Knete man es in den Teig, so werde dieser von ihm vollständig durchsäuert. Aus Kleinem wird Großes, aus Unsichtbarem wird Sichtbares, da war Jesus ganz zuversichtlich. Doch wie in der Bergpredigt drängt er auch auf die Entscheidung seiner Zuhörer und Zuhörerinnen: Das Reich Gottes ist wie ein Schatz im Acker. Wenn du ihn gefunden hast, dann zögere nicht, verkaufe alles und erwerbe den Acker! Das Himmelreich gleicht einer kostbaren Perle. Hast du sie gefunden, dann greife zu! Jesus war überzeugt, dass eine neue Zeit angebrochen sei, die niemand aufhalten könne. Die Entscheidung, vor die er die Menschen gestellt sah, lautete also nicht: Wollen wir uns für oder gegen das Kommen der neuen Zeit entscheiden. Die Entscheidung lautete vielmehr: Willst du mitmachen oder nicht? Willst du alles geben oder zögern? Dass Jesus auch mit Zaghaften, Zögernden und Mitläufern unter seinen Anhängern rechnete, spricht er im Gleichnis vom Fischnetz aus. Seit der Berufung des Petrus diente ihm dieses Fanggerät zur Veranschaulichung seiner eigenen Arbeit. Das Himmelreich, sagte er, gleiche einem Fischnetz. Wenn es voll ist, werde es ins Boot gezogen. An Land werden die Fische sortiert. Die guten Fische werden in Wassergefäßen gesammelt, die schlechten weggeworfen: »So wird es auch am Ende der Welt gehen: Die Engel werden ausgehen und die Bösen von den Gerechten scheiden.« (Matthäus 13.49)

Das Reich Gottes wird also von Gott selbst wie eine Buchrolle entwickelt, und eines Tages wird der Text des Lebens für alle lesbar sein. Dann erhalten die Gerechten ihren Lohn. Wie hoch aber wird der sein? Und bekommen alle den gleichen Lohn? So lautete eine weitere Frage der Jünger Jesu. Er antwortete darauf mit seinem bekannten Gleichnis von den Arbeitern im Weinberg (Matthäus 20.1–16). Ja, gleicher Lohn für alle! Die Jünger meinten, das sei ungerecht. Diejenigen, die von Anfang an dabeigewesen seien, müssten einen besonderen Lohn bekommen. Schließlich hätten sie auch länger gearbeitet. Das sah Jesus anders: Wenn sich das Reich Gottes eines Tages vollendet hat, dann sind alle Unterschiede aufgehoben. Dann leben alle Menschen in der Fülle und im Frieden. Was spielt da noch die Vergangenheit für eine Rolle? Wen interessiert es da noch, ob einer zwölf Jahre oder ein Jahr für den Frieden Gottes gearbeitet hat?

Dennoch war das Reich Gottes keine Gleichmacherei.

Eines Tages, so lehrte Jesus, werde jeder Mensch vor seinem Herrn stehen und sich folgende Frage gefallen lassen müssen: Was hast du aus deinen Talenten gemacht? (Matthäus 25.14–30) Hast du sie genutzt für dich und zum Wohl anderer? Hast du Mut zu neuen Ideen gehabt? Hast du dich engagiert? Oder bist du den bequemen Weg gegangen und hast dich eingeigelt, nichts riskiert und dich immer nur angepasst verhalten? Auch das Gleichnis vom Schalksknecht (Matthäus 18.21–35) fordert unmissverständlich dazu auf, mit Mut, Entschiedenheit und voller Einsatzbereitschaft für die Vollendung des Himmelreichs zu arbeiten.

Vergibt Gott alles?

Gott kommt. Davon waren Jesu Anhänger überzeugt. Gott liebt alle Menschen, Gott vergibt alle Sünden. Dies betont Jesus immer wieder, und er bezieht seine eigene Person mit ein: Auch wer sich gegen ihn stellt, wer seine Berufung nicht erkennt oder teilt, dem verzeiht Gott. Nur eine Sünde ist unverzeihlich: »Wer etwas redet gegen den heiligen Geist, dem wird es nicht vergeben, weder in dieser noch in jener Welt.« (Matthäus 12.32) Was ist diese geheimnisvolle Sünde wider den heiligen Geist? Der heilige Geist kommt von Gott. Es ist der Geist der Liebe, Gerechtigkeit und Wahrhaftigkeit. Wer ihn geschenkt bekommen hat, der sieht klarer, worauf es im Leben ankommt. Er weiß, was richtig und falsch ist. Wenn er sich im Angesicht der Wahrheit gegen das Gute und Menschliche entscheidet und wider besseres Wissen handelt, dann begeht er die Sünde, die nicht vergeben wird. Es liegt in der Sache selbst, dass kein Mensch darüber urteilen kann, ob eine Sünde wider den heiligen Geist vorliegt. Denn dazu müsste er ins Herz schauen können und die letzten Gewissheiten kennen.

Auch andere Worte und Gleichnisse Jesu betonen immer wieder, dass Menschen gegen die Wahrheit leben und dafür mit Konsequenzen rechnen müssen. Doch liegt die Wahrheit des Lebens in Gottes Hand. Und der vergibt alles, sagt Jesus, bis auf das eine.

Glaubte Jesus an den Weltuntergang?

Das Reich Gottes war angebrochen. Wenn es sich vollende, dann werde von jedem Jünger eine Art Rechenschaftsbericht verlangt. Soweit hatte Jesus die Vorstellungen geklärt. Klar war auch, dass er selbst die Vollendung bringen werde, wenn er eines Tages wiederkäme, um die Lebenden und die Toten zu richten. Er werde auf Wolken sitzend am Himmel erscheinen, voll großer Kraft und Herrlichkeit und begleitet von Posaunen blasenden Engeln. Sein Titel werde Menschensohn sein.

Doch die Jünger fragten weiter: Wann kommt das Ende? Werden wir es noch erleben? Die Antwort Jesu malt ein gewaltiges Szenario des Weltuntergangs. Es hat die Phantasie und die Ängste vieler Menschen, auch ungläubiger, bis auf den heutigen Tag bewegt. Die Zeichen der Apokalypse sind: Krieg und Kriegsgeschrei, Hungersnöte und Erdbeben, Hass, Verfolgung und Ermordung, Sonnen- und Mondfinsternis, Kometenflug und große Überschwemmungen. Und weitere Boten des Untergangs gab Jesus seinen Jüngern preis: Die Sekten werden zunehmen und viele Menschen verführen, und es werden falsche Erlöser kommen, die sich als Messias, Heiland und Christus ausgeben. Damit beschrieb Jesus eine religiöse Krisensituation, die sich in den kommenden Jahrhunderten in vielfacher Weise wiederholte. Der berühmteste Fall eines falschen Messias war das Auftreten des Sektenführers Sabbatai Zwi.

Die Beschreibung des Weltuntergangs sollte jedoch keineswegs Panik unter den Jüngern verbreiten und auch keine nervöse Beachtung aller möglichen Zeichen für das Ende der Zeit. Im Gegenteil! Jesus wollte, dass sie mit dem Schlimmsten rechneten und dennoch gelassen blieben. »Wenn dann jemand zu euch sagen wird: Siehe, hier ist der Christus! oder da!, so sollt ihr es nicht glauben. Denn es werden falsche Christusse und falsche Propheten aufstehen und große Wunder tun, so dass sie, wenn es möglich wäre, auch die Auserwählten verführten.« (Matthäus 24.23 f.)

Zeichen für das Ende der Zeit gab es also viele. Doch die Wiederkehr Jesu, seine Parusie, war daraus doch nicht exakt zu bestimmen. Das Ende ist vor allen Dingen durch zwei Merkmale gekennzeichnet: Es kommt plötzlich wie der Dieb in der Nacht, und wenn es da ist, dann zweifelt kein Mensch mehr an der Wahrheit. Plötzlichkeit und Evidenz galten also als eindeutige Kennzeichen der Vollendung des Reiches Gottes. Sie werde für alle Menschen ein großes »Aha-Erlebnis« sein. Ihnen wird ein Licht aufgehen. »Denn wie der Blitz ausgeht vom Osten und leuchtet bis zum Westen, so wird auch das Kommen des Menschensohnes sein.« (Matthäus 24.27)

Doch die Jünger wollen noch mehr wissen. Jesus solle den genauen Tag und die Stunde nennen. Aber Jesus kannte sie nicht. »Von dem Tag aber und der Stunde weiß niemand, auch die Engel im Himmel nicht, auch der Sohn nicht, sondern allein der Vater.« (Matthäus 24.36) Nur soviel sei gewiss: Der Weltuntergang sei zugleich die Zeit der Neugeburt. Deshalb seien alle apokalyptischen Zeichen zugleich die Wehen einer neuen Zeit. Die Vollendung des Reiches Gottes werde sich noch zu Lebzeiten der Jünger vollziehen: »Wahrlich, ich sage euch: Dieses Geschlecht wird nicht vergehen, bis dies alles geschieht.« (Matthäus 24.34) Hier irrte Jesus. Er starb. Aber die Welt ging nicht unter, sondern besteht bis auf den heutigen Tag. Der Vater im Himmel war allwissend, nicht aber der Sohn auf der Erde.

7 Der Weg in den Tod: Eintauchen in das Mysterium

Die Bestätigung der Berufung auf dem Berg Tabor

Woher nahm Jesus die Kraft zu heilen? Wo lag die Quelle seiner unerschöpflichen spirituellen Kreativität und Phantasie? Wer so viel gibt wie er, wer sich in der Zuwendung zu anderen Menschen verströmt, wer heilt und lehrt, der braucht auch Momente des Innehaltens und der Kontemplation. Auch Jesus musste gelegentlich auftanken, auch bei ihm war »die Batterie mal leer«. Ohne Freunde hätte er die drei Jahre seines öffentlichen Wirkens in dieser Intensität nicht überstanden. Im Norden des Landes war das Haus des Simon Petrus sein Refugium, im Süden das Heim von Marta, Maria und Lazarus. Es lag in Betanien. Zudem tauchte Jesus immer wieder aus dem aktiven Leben und seiner Zuwendung zur Außenwelt in das kontemplative Leben ab. Hier schöpfte er Kraft aus der stillen Betrachtung, der Versenkung in die Innenwelt der Seele und vor allen Dingen aus dem Gebet. In der Mystik wird man später von der vita activa und der vita contemplativa, dem aktiven und dem kontemplativen Leben sprechen. Beides muss in einem ausgeglichenen Verhältnis stehen. Darauf weist Jesus selbst in einem Lehrgespräch mit seinen spirituellen Freundinnen Marta und Maria (Lukas 10.38–42) hin.

Jeder Mensch hat einen Ort, der ihm heilig ist. Vielleicht ist es das eigene Zimmer, eine Bank im Park oder die Küste eines fernen Landes. Auch Jesus hatte zwei Lieblingsorte. Einen Garten und einen Berg. Hier zog er sich zurück und versenkte sich in das Gespräch mit Gott.

Vielleicht schrieb er an einer dieser Stätten das Vaterunser. Es war als eine Art Anleitung zum Gebet gedacht und wurde zum berühmtesten Text des Christentums. Seinen Jüngern gab Jesus auch Empfehlungen für den rechten Gebetsort. Die damals übliche Praxis, öffentlich und laut in den Synagogen oder auf Straßen zu beten, lehnte er ab, weil sie eine spirituelle Versenkung verhindere. Man solle sich für das Gebet an einen stillen Ort zurückziehen und auch nicht viele Worte machen. »Denn euer Vater weiß, was ihr bedürft, bevor ihr ihn bittet.« (Matthäus 6.8)

Gebete sind für Jesus keine leeren Worte, auch kein Selbstgespräch, sondern eine Öffnung der Seele für den Willen Gottes. Welche Gebetserfahrungen aber machte er? Darüber sind wir gut unterrichtet. Er war mit Johannes, Jakobus und Petrus auf den Berg Tabor gestiegen. Hier oben vertiefte er sich ins Gebet, so tief, dass er vollkommen von Gottes Gegenwart durchdrungen wurde. Diese Energie erfüllte und verwandelte ihn innerlich und äußerlich. Sein Gesichtsausdruck veränderte sich, sein Blick wurde verklärt, und seine Kleidung strahlte blütenweiß wie das Gewand eines Engels. Dann hatte er eine Vision. Er sah mit den inneren Augen die beiden Propheten Moses und Elia, und sie sprachen mit ihm über seinen Tod in Jerusalem. Weitere Details aus diesem Gespräch hat Jesus seinen Jüngern nicht überliefert. Doch dürfte klar sein, wovon die Rede ging. Jetzt erlebte Jesus eine Verklärung bei lebendigem Leib, die ein Vorspiel auf die große Verwandlung war, in die er am Kreuz eintauchen würde. Die Verklärung Jesu auf dem Berg Tabor war eine Initiation in das Geheimnis von Tod und Auferstehung. Doch auch den drei Jüngern wurde Entscheidendes mitgeteilt. Sie hörten die Stimme Gottes aus dem Himmel. Und Gott wiederholte jetzt die Worte, die er während der Taufe zu Jesus gesprochen hatte: »Dieser ist mein auserwählter Sohn« (Lukas 9.35). Die Wiederholung des Berufungserlebnisses vor Zeugen bedeutete auch für Jesus einen wichtigen Zuspruch. Denn jetzt kamen bald Stunden der Anfechtung, wie er sie noch nie erlebt hatte.

Gethsemane: Die zweite Versuchung Jesu

Nun beschleunigte sich alles: Jesus und die zwölf Jünger befanden sich in Jerusalem. Auch Pilatus weilte am Ort, denn es wurde das Passahfest gefeiert, und da musste er Präsenz zeigen, um mögliche Unruhen im Keim zu ersticken. Das Passahfest erinnerte an den Auszug der Juden aus Ägypten, und dabei war viel Blut geflossen. Der Gott des Moses hatte unter den Ägyptern grausam gewütet und die Truppen des Pharao elendig im Roten Meer ertrinken lassen. Seitdem war der Exodus die zentrale Gründungslegende des Volkes, und gerade jetzt enthielt sie hoch aktuellen politischen Sprengstoff. Pilatus aber war als Statthalter des römischen Kaisers für die politische Ordnung im Land verantwortlich.

Die letzte Woche von Jesu Leben wurde später unter Christen die Karwoche genannt. Sie beginnt mit dem Einzug Jesu in Jerusalem. Die Jünger hatten ihm eine Eselin gebracht, und weil sie keine Sitzteppiche besaßen, legten sie ihre Kleider als Reitdecke über das brave Tier. Neben der Eselin trottete ein Füllen. So hatte es der Prophet Sacharja geweissagt. Als Jesus vor das Stadttor kam, breitete die Menge ihre Kleider auf der Straße aus, andere hieben Palmzweige von den Bäumen und legten sie auf den Staub. Wegen dieses Brauches heißt der Sonntag vor Ostern Palmsonntag. In vielen Kirchen werden geweihte Palmwedel verteilt, und die Gemeinde begibt sich mit ihnen auf eine kleine Prozession um die Kirche herum. In manchen Gemeinden hat sich auch noch der alte Brauch erhalten, einen aus Holz geschnitzten Esel mit einer reitenden Jesusfigur um die Kirche zu ziehen. Der Brauch macht deutlich, worauf es bei allen Stationen der Karwoche ankommt: Sie wollen zur Nachfolge und Nachahmung einladen. Deshalb geht die Frage, ob Jesus schon bei seinem Einzug in die heilige Stadt als Sohn Davids und Messias erkannt wurde, am Wesen dieser heiligen Woche vorbei. Was die Evangelisten berichten, ist für die Leser der Gegenwart bestimmt. Sie wissen, wer am Palmsonntag in Jerusalem einritt. Die Menschen damals wussten es noch nicht, ausgenommen die wenigen Eingeweihten.

Die zweite wichtige Station in der Karwoche ist der Gründonnerstag. Es war Abend geworden. Auch Jesus hatte das Fest zur Erinnerung an den Auszug aus Ägypten gefeiert, doch auf eine Weise, die den Jüngern unbekannt war und auch etwas befremdete. Jesus hatte von seinem Leiden gesprochen. Er selbst sei das Opferlamm, das zu Passah gegessen werde. Er nahm ein Fladenbrot, brach daraus kleine Stücke und gab sie seinen Jüngern. Dann reichte er einen Becher Wein durch die Runde. Das Brot sei sein Leib und der Wein sein Blut, sagte er. Beide seien Zeichen eines neuen Bundes, den Gott mit den Menschen schließen werde. Wein und Brot sollten sie in Zukunft an Jesus erinnern. Ja, mehr noch: Wenn sie Wein und Brot im Gedenken an Jesus zu sich nähmen, dann würden auch sie eine Verwandlung und Verklärung erleben. Dann sei er nämlich bei und in ihnen. Die Jünger ahnten nicht, dass sie der Stiftung eines neuen Ritus beiwohnten. Und auch von der Mystik der Verwandlung begriffen sie noch nichts. Denn als die Nacht fortgeschritten war und Jesus nach seiner Gewohnheit hinaus an den Ölberg ging, da leisteten sie ihm keinen spirituellen Beistand in den dunklen Stunden, die nun anbrachen.

Es war Jesu letzte Nacht in Freiheit. Betend wollte er sie im Garten Gethsemane auf dem Gelände des Ölbergs verbringen, und er hatte auch seine Jünger direkt aufgefordert: »Betet, damit ihr nicht in Versuchung fallt!« Dann stieg er weiter hinauf, etwa einen Steinwurf weit, und kniete zum Gebet nieder. Die kniende Gebetshaltung oder Proskynese war sichtbarer Ausdruck seiner Bereitschaft, das zu tun, was er für Gottes Willen hielt. Jesus wusste, was ihm bevorstand. Drei Mal hatte er selbst sein Leiden angekündigt, und dennoch überkam ihn nun Angst, ja ein Grauen und Entsetzen. Vielleicht ging der Kelch des Todes noch einmal an ihm vorüber? Vielleicht musste er nicht sterben? Vielleicht konnte sich das Reich Gottes auf andere Weise vollenden? Wir wissen nicht, was Jesus dachte. Aber Worte aus seinem Gebet sind überliefert. Er bat Gott: »Vater, willst du, so nimm diesen Kelch von mir; doch nicht mein, sondern dein Wille geschehe!«

Dein Wille geschehe, wie im Himmel, so auf Erden. So hatte er selbst im Vaterunser geschrieben. Nun war die Stunde der Wahrheit gekommen. Nun zeigte sich, ob er den Willen Gottes unter allen Umständen annehmen könnte. Gott wollte den Kelch des Todes nicht von ihm nehmen. Das spürte Jesus mit wachsendem Grauen. Schweiß wie Blutstropfen fiel auf die Erde. Jesus betete noch heftiger, und er spürte, wie ihm der Atem stockte und das Herz schneller und schneller schlug. Seine Seelenangst war so groß, dass er mit dem Tode rang. Da kam ein Engel vom Himmel und stärkte ihn. Den Kelch des Todes konnte auch er nicht von ihm wenden, aber jetzt wusste Jesus wieder, was er spätestens seit seinem zwölften Lebensjahr immer gewusst hatte: Gott war mit ihm. Gott hatte ihm bei der Geburt und während der Versuchung seine Engel schützend zur Seite gestellt. In guten und in bösen Tagen hatten sie ihre Flügel über ihm gebreitet, und dieser Engel werde ihm auch jetzt in den letzten

Stunden seines Lebens zur Seite stehen. Das war Trost genug, und Jesus stand auf von dem Gebet und fand seine Jünger schlafend vor Traurigkeit und Ratlosigkeit. Und er sprach zu ihnen: »Steht auf und betet, damit ihr nicht in Anfechtung fallt!« (Lukas 22.46)

Der Prozess

Im Garten Gethsemane wurde er noch in der Nacht verhaftet. Judas führte die Soldaten der Tempelwache. Der Hohepriester und die Ratsältesten folgten den Schwerbewaffneten. Offenbar fürchteten sie, auf Widerstand zu stoßen. Doch es gab nur einen kurzen Akt der Gegenwehr. Plötzlich hatte Petrus ein Schwert in der Hand. Trug er es stets bei sich? Hatte er es einem der Soldaten entwendet? Wir wissen es nicht. Jedenfalls schlug er mit dem Schwert dem Knecht Malchus das rechte Ohr ab. Jesus aber trat dazwischen und heilte die Wunde. Judas hatte ihn mit einem Kuss verraten. Auch das bleibt rätselhaft. Warum küsste er ihn? Sollte es ein letztes Zeichen der Liebe sein? Und warum die Eile? War er nicht täglich bei ihnen im Tempel gewesen, und niemand hatte Hand an ihn gelegt? Warum jetzt? Warum so plötzlich?

Zuerst wurde Jesus in das Haus des Hohepriesters gebracht. Die Jünger waren geflohen. Nur Petrus folgte ihm heimlich. Er wärmte sich an einem der Feuer, die in den weitläufigen Vorhöfen des Hauses brannten. Die Nacht dauerte an. Noch ehe der Morgen dämmerte und der Hahn krähte, wurde Petrus entdeckt und verleugnete Jesus drei Mal. Was er mit eigenen Augen gesehen hatte, war in hohem Maße niederträchtig und hatte seine Angst gesteigert. Jesus wurde die ganze Nacht über von den Soldaten gefoltert. Sie verbanden ihm die Augen, so dass er nichts sehen konnte, und schlugen ihn anschließend. Damit nicht genug. Sie verspotteten ihn auch in gemeinster Weise, indem sie sagten: »Weissage, wer ist's, der dich schlug?« Dann begann der Leidensweg durch die religiösen und politischen Instanzen. Zuerst wurde Jesus vor die jüdische Ratsversammlung geführt. Schriftgelehrte, Älteste und der Hohepriester hatten nur eine Frage: »Bist du der Christus, so sage es uns!« Wie würden wir reagieren, wenn uns ein religiöser Führer sagte, er sei der Heiland, der Messias, der Christus? Würden wir einem spirituellen Führer, der von allen Jüngern verlassen worden war, Glauben schenken, wenn er uns sagte, er sei der Erlöser der Welt? Jesus antwortet daher der Ratsversammlung zuerst ausweichend: »Sage ich's euch, so glaubt ihr's nicht.« Dann aber gibt er das Geheimnis seiner Berufung preis. Bisher hatten nur er allein und drei Jünger sie vernommen. Nun sollte sie öffentlich werden. »Bist du denn Gottes Sohn?«, hatte die Ratsversammlung gefragt, und Jesus hatte geantwortet: »Ihr sagt es, ich bin es.« (Lukas 22.70)

Das reichte. Die ganze Versammlung zog nun zu Pilatus und verleumdete Jesus in übelster Weise. Jesus hatte sich selbst als Gottes Sohn bezeichnet. Das brachte die religiösen Führungskräfte auf. Pilatus aber war an religiösen Streitigkeiten nicht interessiert. Denn es entsprach römischer Sitte, sich in die religiösen Gebräuche der besetzten Länder nicht einzumischen. Was interessierte es Pilatus, ob sich ein friedlicher Jude aus Galiläa als Messias bezeichnete, solange er nicht Zelot wurde und das Volk aufhetzte? So wurde Jesus von der Ratsversammlung vor Pilatus denunziert: Er habe das Volk aufgehetzt, zu einem Boykott der Kaisersteuer aufgerufen und behauptet, er sei der neue König der Juden. Pilatus fragte nach, fand aber keine Schuld und schickte Jesus weiter zu König Herodes.

In allen Evangelien kommt Pilatus gut weg. Johannes berichtet sogar von einem ausführlichen Gespräch unter vier Augen, das Pilatus und Jesus geführt haben sollen. Für Pilatus war nur eine Frage entscheidend: Wie verstand Jesus selbst seine Berufung? War es eine spirituelle oder eine politische Mission? Wenn er vom Reich Gottes sprach, dachte er dann an ein weltliches oder an ein himmlisches Reich? Wenn er sagt, er sei der König der Juden, meinte er dann, er sei ein König der Herzen, oder beanspruchte er die Nachfolge des amtierenden jüdischen Königs? Die Antwort, die Jesus dem Pilatus gab, ist sicherlich echt und vor allen Dingen eindeutig. Sie lautet: »Mein Reich ist nicht von dieser Welt. Wäre mein Reich von dieser Welt, meine Diener würden darum kämpfen, dass ich den Juden nicht überantwortet würde; nun aber ist mein Reich nicht von dieser Welt.« (Johannes 18.36)

An anderer Stelle wird er auf die Engel verweisen. Zwölf Legionen, das sind 72000 Engel, würden ihm sofort zur Seite gestellt, wenn er ihren Beistand fordere (Matthäus 26.53). Natürlich könnte er seine göttlichen Kräfte offenbaren. Aber er wollte es nicht in der Wüste, als der Versucher kam, und er will es jetzt nicht. Er will den Weg der Liebe zu Ende gehen. Er will seiner Berufung treu bleiben. In ihm soll ein neues Bild des Menschen aufleuchten. Dieses aber würde er zerstören, wenn er jetzt seine göttlichen Kräfte zeigte. Denn Leiden, Schmerz und Tod gehören zum Leben der Kreatur. Pilatus fragte noch einmal nach: »So bist du dennoch ein König?« Und Jesus antwortete: »Du sagst es, ich bin ein König. Ich bin dazu geboren und in die Welt gekommen, dass ich die Wahrheit bezeugen soll. Wer aus der Wahrheit ist, der hört meine Stimme.« Das ist nun wahrlich esoterisch für Pilatus' Ohren, und er beendet das Gespräch mit einer berühmt gewordenen philosophischen Frage: »Was ist Wahrheit?« (Johannes 18.38)

Die Wahrheit über Pilatus ist wohl die: Er interessierte sich nicht für den Fall. Dergleichen Streitigkeiten lagen an der Tagesordnung, und sie waren aus römischer Sicht bedeutungslos. Vielleicht war der echte Pilatus so machtgierig und rücksichtslos, wie ihn jüdische Quellen der Zeit darstellen. Gewiss aber war er nicht der Heilige, zu dem ihn die koptischen Christen in Ägypten und Äthiopien machten. Noch heute wird er am 25. Juni von ihnen als Märtyrer verehrt. Die Schuld am Tod Jesu trifft letztlich weder Judas, Pilatus noch die Juden. Auch nicht Herodes, vor den Jesus nach dem Gespräch mit Pilatus geführt wurde.

Herodes hatte die Begegnung seit langem herbeigesehnt. So berichtet der Evangelist Lukas. Ja, er freute sich, weil er insgeheim hoffte, ein Zeichen von Jesus zu sehen. Ein Gespräch wollte aber nicht zustande kommen. Herodes fragte viel, und Jesus antwortete nichts. Daraufhin schlug die Stimmung um. Herodes begann Jesus zu verspotten. Er legte ihm ein weißes Gewand an und schickte ihn zu Pilatus zurück, denn allein dieser konnte den Fall rechtsgültig abschließen. Der Römer, so wird berichtet, habe noch einmal versucht, das Blatt zu wenden. Wie es an diesem Festtag guter Brauch war, wollte er einen Gefangenen freigeben. So stellte er das Volk vor die Frage, wem die Amnestie gelten solle: Jesus oder einem politischen Aufwiegler und Mörder mit Namen Bar Abbas. Die Menge schrie, sie wolle Freiheit für Bar Abbas! Bar Abbas ist ein hebräischer Name und bedeutet Sohn des Vaters oder Sohn Gottes. Pilatus ließ den Verbrecher frei.

Fühlte sich Jesus von Gott im Stich gelassen?

Der Weg ging nach Golgatha, auch »Schädelstätte« genannt. Hier waren nach römischem Brauch bereits zwei Holzkreuze errichtet worden. Sie hatten die Form des Buchstabens T. Jesu Jüngerinnen waren ihm gefolgt, die Männer dagegen hatten sich versteckt. Er selbst war durch die Folter und den Dornenkranz, den man ihm mit Spott und Hohn auf das bleiche Haupt voll Blut und Wunden gedrückt hatte, so geschwächt, dass er sein Kreuz nicht mehr hatte tragen können. Simon von Kyrene nahm ihm die Last ab. Oben auf dem Hügel wurde er zwischen den beiden Verbrechern gekreuzigt.

Das dritte Kreuz sollte ursprünglich für den Mörder Bar Abbas errichtet werden. Nun hing ein Unschuldiger stellvertretend für diesen Sünder am Holz. An der Spitze seines Kreuzes ließ Pilatus eine Tafel anbringen. Auf ihr stand in den drei Sprachen Hebräisch, Latein und Griechisch geschrieben: »Dies ist der Juden König.« Das Volk und die Oberen spotteten: Wenn er der König der Juden sei, dann solle er sich selbst helfen. Anderen habe er durch viele Wunder geholfen. Wenn er Christus, der Auserwählte Gottes sei, dann solle er ein Wunder vollbringen. Es war unerträglich, besonders für die weinenden Jüngerinnen. Jesus hatte die Versuchung in der Wüste und auch die zweite im Garten Gethsemane überstanden, er wusste den Engel Gottes auch in dieser Stunde an seiner Seite, und er bat Gott stellvertretend für die Sünder unter seinem Kreuz um Vergebung: »Vater, vergib ihnen, denn sie wissen nicht, was sie tun!« (Lukas 23.34)

In der Tat, sie wussten nicht, was hier wirklich geschah. Sie sahen nur, was vor ihren Augen lag, sie schauten nur den Tod und blickten nicht durch ihn hindurch auf das ewige Leben. Auch der Verbrecher zur Linken Jesu spottete: »Bist du nicht der Christus? Hilf dir selbst und uns!« Der zur Rechten aber wies ihn zurecht. Auch er war in seinem Leben ein übler Bursche gewesen. Nun aber schaute er die Wahrheit und erkannte die Berufung Jesu. Er schaute mit den Augen des Herzens, und er sah Licht am Ende des Tunnels, Glanz der Vollendung aus einer anderen Welt, in die Jesus voranschritt. Und Hoffnung dämmerte in seiner Seele, dass auch er ihm vielleicht nachfolgen könnte. Deshalb sagte er zu ihm: »Jesus, gedenke an mich, wenn du in dein Reich kommst!« Jesus antwortete ihm: »Wahrlich, ich sage dir: Heute wirst du mit mir im Paradies sein.« Es war genau zwölf Uhr mittags. Kaum hatte er diese Worte gesprochen, da zerriss der Vorhang im Tempel, und eine Sonnenfinsternis hüllte die Schädelstätte in Dunkelheit. Drei Stunden dauerte die Finsternis, dann starb Jesus an einem Freitag um 15.00 Uhr unserer Zeitrechnung. Laut soll er gerufen haben: »Vater, ich befehle meinen Geist in deine Hände!« (Lukas 23.46) Da hatte auch der Hauptmann unter dem Kreuz ein Schlüsselerlebnis und pries Gott: »Wahrlich, dieser ist Gottes Sohn gewesen!« (Matthäus 27.54)

Wie will man in Worte fassen, was sich in Jesus wirklich abspielte, als er am Kreuz hing? War er so von Gottvertrauen durchdrungen, dass er die Nägel in seinem Fleisch und die Wunde von dem Lanzenstich zwischen seine Rippen nicht spürte? Wer kann die Seelenpein der Jüngerinnen beschreiben, die aus der Ferne dem grauenhaften Schauspiel ohnmächtig zuschauen mussten? Und wer kann den Schmerz nachempfinden, der sich nun wie ein Schwert in das Herz der Mutter senkte? »Mein Sohn, warum hast du uns das angetan?« (Lukas 2.48), hatte sie ihn gefragt, als er im Alter von zwölf Jahren im Tempel seine Berufung entdeckt hatte. Jetzt dachte sie gewiss an die Prophezeiung des alten Simeon zurück: »Und auch durch deine Seele wird ein Schwert dringen.« (Lukas 2.35) Das »Stabat mater« der franziskanischen Kreuzesmystik, die Musik Pergolesis, der Isenheimer Altar Grünewalds, Paul Gerhardts Passionslied »O Haupt voll Blut und Wunden« und Bachs »Matthäuspassion« haben diese Stunden des Leidens und der Erschütterung nachempfunden.

Letzte Worte haben ein besonderes Gewicht. Die Nachwelt entnimmt ihnen gerne eine Art Vermächtnis. Nach dem Bericht des Evangelisten Lukas starb Jesus in der Gewissheit, direkt nach seinem Tod ins Paradies einzutreten. Ebenso souverän stirbt er auch nach dem Bericht des Johannes mit den Worten: »Es ist vollbracht!« (Johannes 19.30) Dieser Evangelist überliefert noch eine bewegende Szene unter dem Kreuz. Dort hätten Johannes, der Lieblingsjünger Jesu, und Maria gestanden. Jesus habe seine Mutter dazu aufgefordert, Johannes als Sohnersatz zu adoptieren. Was aber berichten Matthäus und Markus von dieser Todesstunde Jesu? Wenn wir die Texte aufschlagen, dann stehen wir zuerst einmal vor einem Rätsel. Denn beide überliefern als letztes Wort Jesu den verzweifelten Ausruf: »Mein Gott, mein Gott, warum hast du mich verlassen?« (Matthäus 27.46; Markus 15.34) Beide notieren zudem den Originalton: »Eli, Eli, lama asabthani?« Was hat Jesus nun wirklich gesagt? War alles vollbracht? Glaubte er, seiner Berufung treu geblieben zu sein und sein Werk vollendet zu haben? Oder fühlte er sich am Ende von Gott verlassen? War seine Sterbestunde der Moment der Gewissheit, oder bildete sie nach den Anfechtungen in der Wüste und im Garten Gethsemane die dritte und härteste Versuchung? Und brach er unter dieser Versuchung seelisch und körperlich zusammen?

Wahrscheinlich war seine Seele in jenen Stunden von beiden Tiefenerfahrungen durchdrungen. Er glaubte sich

Gott so nah wie nie zuvor und hatte zugleich Angst vor der großen Nacht der Gottesferne. Gott hatte sich ihm offenbart und zugleich vor ihm verborgen. Wer konnte sein Geheimnis ergründen? So blieb bei aller Offenbarung am Ende doch Gottes Geheimnis verhüllt. Gott war in weiter Ferne so nah.

Niemand stand so nahe am Kreuz, dass er die echten letzten Worte Jesu hätte übermitteln können. So legten ihm die Evangelisten Psalmenworte in den Mund und deuteten damit das Geheimnis an. Der Ausruf »Mein Gott, warum hast du mich verlassen?« ist ein Zitat aus dem Psalm 22. Dieses alte Gebet beginnt mit der Schilderung einer Verzweiflung und endet mit der Rettung der Seele aus ihrer Not. Auch weitere Andeutungen wurden in das Webmuster der Evangelien eingearbeitet: Die Sonnenfinsternis und der zerrissene Vorhang des Tempels, vor allen Dingen aber die Auferstehung vieler Verstorbener genau in der Todesstunde Jesu. »Die Gräber taten sich auf, und viele Leiber der entschlafenen Heiligen standen auf und gingen aus den Gräbern nach seiner Auferstehung und kamen in die heilige Stadt und erschienen vielen.« (Matthäus 27.52 f.) Damit wurde angedeutet, was schon bald viele Menschen glauben sollten: Jesus war für alle Menschen gestorben und wieder von den Toten auferstanden. Auch in anderen Symbolen gab man diesem Glauben Ausdruck. So hieß es, das Holz seines Kreuzes sei aus dem Baum des Lebens gezimmert worden, der einst in der Mitte des Paradieses gestanden habe, und die Stätte, wo es errichtet worden war, läge direkt über dem Grab Adams. Damit sei die Ursünde des ersten Menschen durch Gottes Sohn gesühnt worden.

Wo war Jesus zwischen Karfreitag und Ostersonntag?

Jesus wurde noch am Freitag begraben. Die jüdischen Gesetze hatten auch den Fall der Bestattung eines Aufgehängten geregelt: »Wenn jemand eine Sünde getan hat, die des Todes würdig ist, und wird getötet und man hängt ihn an ein Holz, so soll sein Leichnam nicht über Nacht an dem Holz bleiben, sondern du sollst ihn am selben Tag begraben – denn ein Aufgehängter ist verflucht bei Gott.« (5. Moses 21.22 f.) Nun, da alle Jünger aus dem engsten Kreis geflohen waren, kam die Stunde der heimlichen Verehrer und Anhänger. Sie waren die wahrhaft Eingeweihten. Nikodemus, den Jesus selbst in nächtlichen Glaubensgesprächen in das Mysterium von Tod und Auferstehung eingeweiht hatte, und Josef von Arimathäa, der legendäre Gründer des Gral-Christentums, nahmen den toten Leib vom Kreuz. Nikodemus hatte zuvor die Nägel gelöst. Deshalb heißt die Kreuzabnahme in der griechisch-orthodoxen Christenheit bis heute Nagellösung (»He apokathelosis«). Das große Kreuzabnahme-Relief der Externsteine (um 825 nach Christus) im Teutoburger Wald zeigt Nikodemus und Josef von Arimathäa bei dieser heiligen Arbeit. Anschließend halfen sie den Frauen, Jesu Leichnam zu salben und zu wickeln. Dann stellte Josef von Arimathäa eine Grabhöhle zur Verfügung, in die Jesu geschundener Leib gebettet wurde. Ein schwerer Stein verschloss den Eingang. Dann war Ruhe.

Wo aber war Jesus? Noch heute werde er im Paradies sein, hatte er dem Verbrecher gesagt. Andere berichteten von einer wunderbaren Auferstehung der Toten. Was geschah am Karsamstag, dem Tag der Grabesruhe? Die Bibel deutet nur an, was später im Glaubensbekenntnis in deutliche Worte gefasst wird: Jesus sei nach seiner Kreuzigung hinabgestiegen in das Reich des Todes, bevor er am dritten Tag von den Toten auferstand. Von der Höllenfahrt Jesu war also die Rede. Der sechsjährige Goethe wurde einst von seinem Vater dazu aufgefordert, diese Jenseitsreise in Versen zu beschreiben. Jenseitsreisen sind in vielen Religionen bekannt. Der alte Schamane erwirbt auf seiner Jenseitsreise eine Einweihung in die Geheimnisse von Leben und Tod. Von Jenseitsreisen berichten auch andere Christen. So wurde Paulus in den dritten Himmel, also das Paradies, entrückt (2. Korinther 12,2–4), und Johannes auf Patmos schaute sogar den Thron Gottes (Apokalypse 4.1–11). In der griechischen Welt steigen Orpheus und Odysseus in den Hades, im Mittelalter tritt Dante eine berühmt gewordene Reise durch Hölle, Fegefeuer und Himmel an. Wieso aber stieg Jesus hinab in das Reich des Todes?

Dafür gab es einen ganz lebensnahen Hintergrund. Die ersten Christen und Christinnen glaubten, dass auch sie wie Jesus auferstehen werden. Sie fragten sich aber: Wie wird das Schicksal derjenigen Menschen sein, die gestorben waren, bevor Jesus auf die Welt kam? Kommen sie alle in die Hölle, oder gilt die Erlösung auch ihnen? Das war der Grund, warum Jesus in die Unterwelt stieg und dort Abraham, Moses und allen anderen Frommen der alten Zeit das Evangelium verkündete, damit auch sie den Weg der Liebe zum ewigen Leben gehen könnten. Doch auch für ihn selbst war die Jenseitsreise ein weiterer Schritt der Einweihung in das Mysterium, das er verkündigte und dessen lebendiges Beispiel er nach der Auferstehung werden sollte.

8 Das leere Grab: Die Verwandlung

Wurde der Leichnam Jesu von den Jüngern gestohlen?

Es gibt viele Menschen, die von Jesus mit Hochachtung sprechen. Sie sagen, er sei ein großer Weisheitslehrer gewesen. Seine Worte hätten noch heute Gültigkeit. Und noch immer schickt die Mehrzahl der Eltern ihre Kinder in den schulischen Religionsunterricht und lässt sie in einer Kirche taufen, firmen oder konfirmieren. Sie sind überzeugt, dass die Auseinandersetzung mit Jesus ihren Kindern eine moralische Orientierung schenkt und ihnen noch heute gültige Werte und Normen vermittelt. Jesus war ganz unbestritten einer der bedeutendsten spirituellen Lehrer der Menschheit: aufrichtig, treu und standhaft bis zum Tod. Er lebte, was er lehrte. Reicht das nicht für ein Vorbild? Reicht es nicht, dass ihm auch Muslime und Juden Anerkennung zollen? Muss er da noch von den Toten auferstanden sein?

Im Herbst 1998 traf ich in Loccum am Steinhuder Meer Gerd Lüdemann. Er stand damals für kurze Zeit im Licht der Öffentlichkeit, weil er behauptet hatte, das Grab Jesu sei nicht leer gewesen. Jesus sei nicht auferstanden. Und er war noch weiter gegangen und hatte gefordert, das Glaubensbekenntnis der Christen müsse abgeschafft werden. Nun ist diese Meinung heute weit verbreitet und erregt nicht mehr die Gemüter. Jeder kann glauben, was er will. Aber gilt diese Glaubensfreiheit, so wurde gefragt, auch für einen Professor der Theologie, der an der Universität Göttingen Religionslehrer und Pastoren ausbildet? Dürfen Eltern, die ihre Kinder zum kirchlichen Unterricht oder in den Religionsunterricht schicken, nicht davon ausgehen, dass die Lehrer und Pfarrer glauben, dass Jesus Gottes Sohn ist?

Der Streit um das Grab Jesu ist alt. Schon Hermann Samuel Reimarus (1694–1768), ein Lehrer am Akademischen Gymnasium in Hamburg, behauptete, Jesus sei nicht von den Toten auferstanden. Er hatte das Matthäusevangelium sorgfältig studiert und war dabei über folgende Stelle gestolpert: Nach dem Tod Jesu gerieten die Pharisäer und Hohenpriester in Panik. Sie erinnerten sich, dass Jesus gesagt hatte, er werde am dritten Tag von den Toten auferstehen. Gewiss waren sie die letzten, die an eine leibhaftige Auferstehung glaubten, doch hatten sie den Verdacht, die Jünger könnten heimlich den Leichnam aus der Grabhöhle stehlen und anschließend behaupten, ihr Meister sei auferstanden. Um einem Leichendiebstahl vorzubeugen, gingen die Pharisäer und Hohenpriester zu Pilatus und baten ihn, »dass man das Grab bewache bis zum dritten Tag, damit nicht seine Jünger kommen und ihn stehlen und zum Volk sagen: Er ist auferstanden von den Toten, und der letzte Betrug ärger wird als der erste.« (Matthäus 27.64)

Pilatus stellte die Wachen. Dennoch war das Grab Jesu am dritten Tage leer. Hermann Samuel Reimarus glaubte auch zu wissen, warum: Die Jünger hätten den Leichnam gestohlen. Ihr Lehrer sei ursprünglich ein jüdischer Freiheitskämpfer gewesen, der nun nach seinem gewaltsamen Tode zum Erlöser stilisiert wurde. Auch andere Erklärungsversuche für das leere Grab hat es immer wieder gegeben. Ein beliebter behauptet, Jesus sei nur scheintot gewesen. Nachdem er sich von den Strapazen erholt habe, sei er nach Indien ausgewandert, habe dort gelehrt und sei später eines natürlichen Todes gestorben. Dort wird in der Tat sein Grab bis auf den heutigen Tag verehrt.

Im Gespräch mit Gerd Lüdemann interessierte mich die persönliche Seite seiner Anschauungen. Seine Behauptung war ja ein alter Hut. Was steckte also dahinter? Warum durfte das Grab Jesu nicht leer sein? Lüdemann erzählte, wie er als Kind den Tod seines Vaters erlebt hatte. Jede Nacht sei ihm der Verstorbene erschienen. Er war tot und doch nicht tot. Ein Grauen eben, an das ihn die Geschichte vom leeren Grab erinnere. Die Vorstellung von lebenden Toten ist in vielen Religionen verbreitet. Sie spielt im mittelamerikanischen Voodoo-Kult eine Rolle und auch im osteuropäischen Glauben an die Existenz von Vampiren. Das Judentum kennt Totenbeschwörer wie die Hexe von Endor, und im Christentum glaubte man lange an Wiedergänger. Das sind unerlöste Seelen, deren Schuld im Fegefeuer gebüßt werden musste. Die Auferstehung Jesu aber war etwas völlig anderes. Jesus wurde weder zu einem Wiedergänger noch zu einem Totengeist. Weder war er scheintot, noch wurde sein Leichnam von den Jüngern gestohlen. Was mit ihm im Tod geschah, das war auch für seine Jüngerinnen und Jünger so geheimnisvoll, dass sie es zuerst nicht glauben wollten.

Das Turiner Grabtuch

Jesus blieb nicht im Grab. Das Leichentuch aber, in das sein geschundener Leib gewickelt worden war, ließ er in der Höhle liegen. Es wurde später zur am meisten verehrten Reliquie der Christenheit. Während noch im Oktober 1988 der damalige Turiner Kardinal Ballestrero sich auf die Ergebnisse der Radio-Karbon-Methode berief und verkündete, das Grabtuch sei nicht echt, sondern eine Fälschung aus dem Hochmittelalter, gehen die Forscher heute wieder von der Echtheit aus. Die in Turin im Dom

Johannes des Täufers ausgestellte Sacra Sindone (Heilige Leinwand), das so genannte Turiner Grabtuch, hat eine Breite von 1,15 Metern und eine Länge von 4,39 Metern und zeigt deutlich die Umrisse eines männlichen Körpers von 1,77 Metern Größe. Klar zu erkennen ist auch das Gesicht eines Mannes, der vor seinem Tod gegeißelt, mit einer Dornenkrone gekrönt, mit Nägeln an Beinen und Armen durchschlagen und von einer Lanze durchbohrt worden war. Wegen seiner außerordentlichen Kostbarkeit wird das Grabtuch nur selten öffentlich ausgestellt. Im 20. Jahrhundert nur in den Jahren 1931, 1933, 1978 und 1998. In der Nacht vom 11. zum 12. April 1997 wäre es beinahe ein Opfer der Flammen geworden, als ein Feuer in Dom und angrenzendem Palast wütete. Dem Einsatz des Feuerwehrmannes Mario Trematore war die Rettung der Kontaktreliquie zu verdanken. Sein mutiger Einsatz blieb auch für ihn nicht folgenlos, denn die Stunde der Rettung aus der Feuersbrunst wurde zur Stunde seiner Bekehrung. So ist das mit der religiösen Wahrheit: Erst in der Berührung schenkt sie das Licht der Erkenntnis.

Nicht mit dem Turiner Grabtuch zu verwechseln ist das so genannte Schweißtuch der Veronika. Die Bibel kennt noch nicht die Legende der Heiligen, die Jesus auf seinem Kreuzweg zur Seite stand und sein Gesicht vom Schweiß trocknete. Dabei soll sich ein Wunder ereignet haben. Denn nach dem Liebesdienst hätten sich die Gesichtszüge Jesu auf dem Tuch befunden. Seit dem vierten Jahrhundert wird das Schweißtuch der Veronika als »wahres Bild des Herrn« (vera icon) verehrt. Seit dem 14. Jahrhundert ist es aus der Kunst und den Kreuzwegstationen der katholischen Kirche nicht mehr wegzudenken. Wie im Fall des Turiner Grabtuches, so streiten auch hier die Gelehrten über die Echtheit der Kontaktreliquie, seit der deutsche Kunsthistoriker Heinrich Pfeiffer in dem Konvent des Kapuzinerklosters von Manoppello bei Chieti in den

Abruzzen auf ein 17 mal 24 Zentimeter großes, beinahe durchsichtiges Tuch gestoßen ist. Ins Gegenlicht gehalten, kann man – wenn man will – auf dem Tuch die Gesichtszüge eines bärtigen Mannes mit langen Haaren sehen, nicht unähnlich dem Jesus des Turiner Grabtuches.

Frauen und Engel am leeren Grab

Auf allen Friedhöfen in der christlichen Welt stehen Engel und bezeugen den Glauben an die Auferstehung: Einst werden alle Gräber leer sein, wie auch das Grab Christi leer gewesen ist. Als die Jüngerinnen am dritten Tag nach der Kreuzigung zum Grab Jesu gingen, da kam ein Engel vom Himmel herab, gekleidet in ein Gewand so weiß wie Schnee, und wälzte ihnen den Stein vor der Grabhöhle weg. So berichtet es der Evangelist Matthäus. Bei Lukas dagegen war der schwere Stein bereits zur Seite gerollt, Maria von Magdala, Johanna und Maria, die Mutter des Jakobus, traten sogleich in die Grabhöhle und fanden den Leichnam nicht. Mit der Auferstehung ihres Meisters rechneten sie nicht. Vielmehr waren sie verwirrt und dachten, der Leichnam sei gestohlen worden. So berichtet wiederum der Evangelist Johannes. Die Jüngerinnen seien daher schnell aus der Grabhöhle getreten und zu den Jüngern gelaufen. Diese hätten die Höhle genauer untersucht und das Leinentuch gefunden, in das der Leichnam gewickelt worden war, sowie das Schweißtuch, das Jesus um das Haupt gebunden war. Keine Frage, die Ereignisse an jenem Ostermorgen überschlugen sich, so dass sich der tatsächliche Ablauf im Rückblick nur noch schwer rekonstruieren ließ. Unstrittig unter allen Berichterstattern aber war, dass erst ein Engelwort Klarheit schaffte: »Was sucht ihr den Lebenden bei den Toten? Er ist nicht hier, er ist auferstanden.« (Lukas 24,5) Vielleicht war es wieder Gabriel, der Engel der Geburt, der jetzt seine Wiedergeburt ankündigte. Nie hatte er ihn verlassen, in allen Phasen seines Lebens stand er ihm zur Seite. Welch ein Trost!

Als die Frauen voller Begeisterung zu den Jüngern liefen und ihnen von der Auferstehung Jesu erzählten, da »erschienen ihnen diese Worte, als wäre es Geschwätz, und sie glaubten ihnen nicht.« (Lukas 24.11) Deutlicher kann man nicht sagen, wie unglaubwürdig selbst den Jüngern Jesu dieses Ereignis vorkam. Daran hat sich bis auf den heutigen Tag nichts geändert. Die Auferstehung Jesu kann weder bewiesen noch durch den Verstand begriffen werden. Sie ist das zentrale spirituelle Ereignis im Leben Jesu, die Bestätigung seiner Berufung. Und nur durch eine Berufung erschließt sich ihre Wahrheit. Deshalb ist jeder Glaubenszwang nicht nur sinnlos, sondern geht am Wesen des christlichen Glaubens an die Auferstehung vorbei. Die Reaktion der Jünger, die den Auferstehungsglauben als Geschwätz bezeichnen, zeigt deutlich: Der Glaube ist ein Geschenk. Der Glaube ist Gnade. Niemand kann den Glauben durch Beweise, Argumente oder missionarische Gespräche, ja selbst durch Gebet oder Meditation herbeizwingen. Das zeigen auch die Begegnungen Jesu mit seinen Jüngerinnen und Jüngern.

Warum aß Jesus nach seiner Auferstehung einen Fisch?

Einige der Jünger hatten bereits zu Lebzeiten ihres Meisters erlebt, wie sich seine Gestalt verwandelte. Doch sie hatten das Mysterium nicht verstanden. Als Jesus über dem Wasser schwebte (Levitation), dachten sie zuerst, er sei ein Gespenst. Nicht anders war es nach der Auferstehung. Die elf Jünger saßen bei einer Mahlzeit zusammen. Da erschien plötzlich Jesus vor ihnen. Sie erschraken, sie fürchteten sich und glaubten, einen Wiedergänger zu sehen (Lukas 24.37). Ihre Reaktion verblüfft Jesus sehr. Deshalb fordert er sie auf, seinen Leib zu berühren. Doch noch immer bleiben sie skeptisch, selbst dann, als er ihnen die Wundmale (Stigmata) an Händen und Füßen zeigt. Doch vielleicht hatten gerade die Stigmata den Zweifel der Jünger genährt. Denn warum trug der Auferstandene noch die alten Wundmale? Warum waren sie nicht verheilt oder gänzlich unsichtbar geworden?

Noch heute verbinden viele Menschen mit der Auferstehung die Wiederherstellung eines alten Zustandes. Im Mittelalter dachte man beispielsweise, der Mensch werde in seiner idealen Gestalt auferstehen. Als Ideal galt der Beginn des dreißigsten Lebensjahres. Mit der Auferstehung aber wird der Tod nicht rückgängig gemacht. Die Wundmale Jesu sollen wohl zeigen: Das, was Jesus war, seine Liebe und sein Leiden, wird durch seine Auferstehung nicht ausgelöscht, sondern in ewiges Leben verwandelt. In den Begegnungen mit seinen Jüngerinnen und Jüngern weist Jesus sie in dieses Mysterium ein. Wie schwer dieser Einweihungsweg ist, das zeigen ihre ungläubigen Reaktionen. Während bei Lukas alle Jünger an die Erscheinung eines Wiedergängers glauben, ist es bei Johannes nur der berühmte ungläubige Thomas. Jesus war wiederholt wie ein Geist durch die verschlossene Haustür unter seine Jünger getreten. Dann forderte er Thomas auf:

»Reiche deinen Finger her und sieh meine Hände und reiche deine Hand her und lege sie in meine Seite, und sei nicht ungläubig, sondern gläubig!« (Johannes 20.27)

Über Jahrhunderte war der ungläubige Thomas ein negatives Beispiel. Denn als selig galten die, die nicht sahen und doch glaubten. Heute sind so genannte Thomasmessen beliebt. In ihnen versuchen Gemeindemitglieder einen Gottesdienst mit erfahrungsbezogenen Bausteinen zu gestalten. Ihnen gilt Thomas als Vorbild, weil er nicht blind glaubte, sondern die Auferstehung mit allen Sinnen begreifen wollte. Wie schwierig das Geheimnis der Auferstehung von Anfang an war, zeigen die elf Jünger bei dem Evangelisten Lukas. Selbst der Anblick der Wundmale löste in ihnen keinen spirituellen Erkenntnisprozess aus. Deshalb musste Jesus für ihre grobgeschnitzten Gemüter zu einem letzten Beweis seiner leibhaftigen Auferstehung greifen. Er fragt: »Habt ihr hier etwas zu essen?« (Lukas 24.41) Ja, die ehemaligen Fischer legen dem vermeintlichen Gespenst einen gebratenen Fisch vor, und Jesus verspeist ihn vor ihren Augen. Nun, endlich erkannt, gibt Jesus seinen Jüngern letzte Anweisungen für die Fortsetzung seines Weges. Die Jünger sollten alle Menschen in seinem Namen taufen und bis an die Enden der Erde gehen und vom Weg der Liebe erzählen. Jesus hatte vom Kommen des Reiches Gottes gepredigt, nun aber begann die Zeit der Kirche. Am klarsten formuliert der Evangelist Matthäus: »Geht hin und macht zu Jüngern alle Völker: Tauft sie auf den Namen des Vaters und des Sohnes und des heiligen Geistes und lehrt sie halten alles, was ich euch befohlen habe. Und siehe, ich bin bei euch alle Tage bis an der Welt Ende.« (Matthäus 28.20) Ob Jesus selbst diesen Missionsbefehl ausgesprochen hat oder ob ihm diese Worte später in den Mund gelegt worden sind, spielt für die Wirkungsgeschichte dieses Auftrags keine Rolle. Mit ihm wurde die Marschrichtung für die kommenden zwei Jahrtausende festgelegt. Der Name Jesus wurde bis in den letzten Winkel der Erde verbreitet. Dass die Methoden dieser Mission gewiss nicht immer zu seinem Ruhme reichten, wird durch das Verhalten der Jünger bereits angedeutet. Doch war die Bahn gebrochen. Ein neuer Initiationsweg öffnete seine Pforten. Es war ein Weg des Herzens, wie die bekannte Geschichte von den Emmausjüngern zeigt. Unerkannt ging Jesus in ihrer Mitte, doch schrittweise enthüllte sich sein Geheimnis. Die Jünger spürten es. »Brannte nicht unser Herz in uns?«, werden sie sich im Rückblick fragen.

Jesus schritt durch Türen, er aß gebratenen Fisch, er beauftragte die Jünger mit der Mission, er ließ sich von Thomas berühren: Nah und doch schwer zu fassen war Jesus. Er war leibhaftig auferstanden, aber sein Weg war noch nicht vollendet. Nicht nur seine Gestalt, sein ganzes Wesen drängte auf eine endgültige Vollendung. Diese aber war nicht mehr von dieser Welt. Jesus hatte im Jerusalemer Tempel, am Jordan, auf dem Berg Tabor, im Garten Gethsemane und am Kreuz Gottes Nähe und Ferne erfahren. Auch das waren Stufen der Annäherung an ein Geheimnis. Nun stand er vor der letzten Stufe: der Vereinigung mit Gott. Deshalb sagt er zu Maria von Magdala: »Noli me tangere.« »Rühr mich nicht an! Denn ich bin noch nicht aufgefahren zum Vater.« (Johannes 20.17) Maria hatte eine Begegnung der besonderen Art mit Jesus. Sie stand vor dem Grab und weinte. Dann trat sie in die Grabhöhle und sah zwei Engel in weißen Gewändern. Sie saßen, wo die Füße und der Kopf Jesu gelegen hatten. »Frau, was weinst du?«, fragen sie. »Sie haben meinen Herrn weggenommen«, antwortet Maria, »und ich weiß nicht, wo sie ihn hingelegt haben.« In dem Moment muss sie die Anwesenheit einer Gestalt hinter sich gespürt haben. Sie dreht sich um. »Frau, was weinst du?«, fragt der Mann. »Wen suchst du?« Maria von Magdala glaubt vor dem Gärtner zu stehen und sagt: »Herr, hast du ihn weggetragen, so sage mir, wo du ihn hingelegt hast; dann will ich ihn holen.« Der Unbekannte aber ruft sie nun bei ihrem Namen: »Maria!« Woher kennt er ihren Namen? Wer ist der Mann wirklich? Da durchfährt es Maria wie ein Blitz. Jetzt weiß sie, wen sie vor sich hat. Sie nennt ihn in ihrer und seiner Muttersprache »Rabbuni!« (Meister), und will Jesus berühren. »Rühr mich nicht an!«, ist die Antwort. Und weiter: »Ich fahre auf zu meinem Vater und zu eurem Vater, zu meinem Gott und zu eurem Gott.« (Johannes 20.17)

Das irdische Leben Jesu war mit der Kreuzigung abgeschlossen. Mit dem Tod trat er in eine andere Wirklichkeit. Diese himmlische Welt aber war auf geheimnisvolle Weise während seines gesamten irdischen Lebens bereits gegenwärtig gewesen. Nicht immer und für alle sichtbar, doch zuweilen im blitzhaften Aufleuchten innerer Gewissheit erfahrbar. Von ihr hatte er gesprochen, und aus ihr hatte er gelebt. Er selbst hatte sich ihr über verschiedene Stufen des Lebens genähert. Nun stand er vor der letzten Pforte der Wahrheit. Wie bei seiner Geburt, so waren auch jetzt bei seiner Himmelfahrt die Engel zugegen. Die Tür zum ewigen Leben öffnete sich. Er trat ein und ließ sich in das Meer der Liebe Gottes fallen. Der Weg der Liebe hatte sich vollendet. Jetzt, im Rückblick, enthüllte sich das Geheimnis, und die Bilder seines Lebens traten lockender hervor. Sein Weg war der Weg des Menschen. Die Engel aber versprachen, er werde eines Tages wiederkehren.

Literaturverzeichnis

1. Quellen

Der Babylonische Talmud. Neu übertragen durch Lazarus Goldschmidt. Zwölf Bände. Verlag Biblion. Berlin 1929 ff.

Die Bibel nach der Übersetzung Martin Luthers. Mit Apokryphen. Deutsche Bibelgesellschaft. Stuttgart 1984.

Die Bibel. Erschlossen und kommentiert von Hubertus Halbfas. Patmos Verlag. Düsseldorf 2001.

Alfred Pfabigan (Hrsg.). Die andere Bibel mit altem und neuem Testament. Eichborn Verlag. Frankfurt a. M. 1990.

Wilhelm Schneemelcher (Hrsg.). Neutestamentliche Apokryphen. Teil I: Evangelien. J. C. B. Mohr (Paul Siebeck). Tübingen 1987 (5. Auflage).

2. Hintergrundinformationen

Ralf Balke. Israel. Verlag C. H. Beck. München 2000.

Rudolf Bultmann. Das Urchristentum im Rahmen der antiken Religionen. Artemis Verlag. Zürich 1976 (4. Auflage).

John Dominic Crossan. Der historische Jesus. Beck Verlag. München 1994.

Anna Katharina Emmerich. Das Leben der heiligen Jungfrau Maria. Christiana Verlag. Stein am Rhein 2000.

Roman Heiligenthal, Axel von Dobbeler. Menschen um Jesus. Lebensbilder aus neutestamentlicher Zeit. Primus Verlag. Darmstadt 2001.

Othmar Keel und Max Küchler. Herders Großer Bibelatlas. Herder Verlag. Freiburg 1996 (3. Auflage).

Friedrich-August von Metzsch. Johannes der Täufer. Seine Geschichte und seine Darstellung in der Kunst. Callwey Verlag. München 1989.

Ernest Renan. Das Leben Jesu. Vom Verfasser autorisierte Übertragung aus dem Französischen. Diogenes Verlag. Zürich 1981.

Hans Schmoldt. Kleines Lexikon der biblischen Eigennamen. Reclam Verlag. Stuttgart 1990.

Klaus Schreiner. Maria. Jungfrau, Mutter, Herrscherin. Carl Hanser Verlag. München 1994.

Albert Schweitzer. Geschichte der Leben Jesu Forschung. J.C.B. Mohr (Paul Siebeck) Verlag. Tübingen 1933 (5. Auflage).

3. Eigene Artikel

Uwe Wolff. Der Mann Moses bei Sigmund Freud und Thomas Mann (Typoskript 150 Seiten, unveröffentlicht). 1981.

ders.: Christus als Arzt. Krankheit – ein Teil der Schöpfungsordnung (Rez. Heinrich Schipperges. Der Garten der Gesundheit. Medizin im Mittelalter). In: Rheinischer Merkur vom 14. September 1985.

ders.: Auf der Suche nach der jüdischen Tradition. Gershom Scholems Briefe an Werner Kraft. In: Hannoversche Allgemeine Zeitung vom 5. Dezember 1986.

ders.: Der Vater des deutsch-jüdischen Gespräches. Zum 100. Geburtstag des Philosophen Franz Rosenzweig. In: Hannoversche Allgemeine Zeitung vom 24. Dezember 1986.

ders.: Der Teufel hat keine Zeit. Die Wiederkehr des Bösen. In: Rheinischer Merkur vom 28. November 1988. Seite 15.

ders.: Poetische Imagination vom Anfang und Ende der Kultur. Moses als Kulturstifter im Werk von Thomas Mann und Sigmund Freud. In: Neue Zürcher Zeitung vom 22./23. April 1989. S. 67–68.

ders.: Hitlers Marsch gegen die Psychoanalyse. Moses und die Kultur bei Freud und Thomas Mann. In: Lutherische Monatshefte, Oktober 1989. S. 439–443.

ders.: Gottes Gegenwart. George Steiners Ästhetik der Anwesenheit (Rez. George Steiner. Von realer Gegenwart. Hat unser Sprechen Inhalt?). In: Neue Zürcher Zeitung vom 6. Dezember 1990.

ders.: Fantasy-Literatur, frühchristlich (Rez. Alfred Pfabigan. Die andere Bibel). In: Rheinischer Merkur vom 7. Dezember 1990. S. 22.

ders.: Wege in den geöffneten Himmel. Begegnungen mit dem Heiligen. In: Hildesheimer Allgemeine Zeitung vom 18. Mai 1991.

ders.: Die Kirche und das Unkraut des Zweifels (Rez. Peter de Rosa. Der Jesus-Mythos). In: Rheinischer Merkur vom 9. Oktober 1991.

ders.: Der Geist ist willig, doch der Bauch ist schwach (Rez. Peter Brown. Die Keuschheit der Engel. Sexuelle Entsagung, Askese und Körperlichkeit am Anfang des Christentums). In: Rheinischer Merkur vom 11. Oktober 1991. S. 44.

ders.: Der Weizen braucht Unkraut. Von der unendlichen Reformation der Kirche. In: Hannoversche Allgemeine Zeitung vom 26. Oktober 1991.

ders.: Wie gut, dass es Maria gibt. Das Bild der Himmelskönigin in Kirchengeschichte und Kunst. In: Hannoversche Allgemeine Zeitung vom 24. Dezember 1991.

ders.: Wo sich die Pforten der Wahrnehmung öffnen. Epiphanien in der Literatur. In: Rheinischer Merkur vom 3. Januar 1992.

ders.: Der ganze Himmel und die ganze Erde. Christen brauchen die Herausforderung der Heiligen. In: Lutherische Monatshefte. April 1992. S. 157–161.
ders.: »Aber ich bin nicht der am Kreuz«. Von der Schwierigkeit mit dem auferstandenen Menschensohn. In: Hannoversche Allgemeine Zeitung vom 18. April 1992.
ders.: Mit Leib und Seele. Vom schwierigen Leben mit dem Wiederauferstandenen. In: Stuttgarter Zeitung vom 18. April 1992.
ders.: Eines Tages mag dann niemand mehr einen nackten Engel sehen (Rez. Esther Vilar. Die Erziehung der Engel. Wie lebenswert wäre das ewige Leben?). In: Rheinischer Merkur vom 1. Mai 1992.
ders.: Sabbatai Zwi, der göttliche Verräter. Gershom Scholems Lebensbeschreibung des falschen Messias. In: Neue Zürcher Zeitung vom 2./3. Mai 1992. S. 69–70.
ders.: Der Weizen braucht Unkraut. Von der unendlichen Reformation der Kirche. In: Arbeitshilfe für Gottesdienste und Veranstaltungen in Schule und Gemeinden aus Anlass des Reformationstages. RPI Loccum. August 1992. S. 1–4.
ders.: Auf der Suche nach einem Königreich. Gerald Messadiés Roman spekuliert über das Leben des Apostels Paulus. In: Stuttgarter Zeitung vom 18. September 1992. S. 26.
ders.: Ein feste Burg war unser Gott. Bücher zu einem langen Abschied (Rez. Hans Conrad Zander, Uta Ranke-Heinemann, Dorothee Sölle). In: Hannoversche Allgemeine Zeitung vom 22. Oktober 1992.
ders.: Der Priester als Dichter und Visionär. Ist Eugen Drewermann ein neuer Reformator? In: Hannoversche Allgemeine Zeitung vom 31. Oktober 1992.
ders.: »Weck die tote Christenheit!« Eugen Drewermann und die Sehnsucht nach einem neuen Reformator. In: Stuttgarter Zeitung vom 14. November 1992.
ders.: Die Rückkehr des verlorenen Sohnes. Versuch über den Bildungsauftrag des Evangelischen Religionsunterrichtes. In: Korrespondenzblatt Evangelischer Schulen und Heime. 6/1992. S. 166–172.
ders.: Weihnachten setzt Himmel und Erde in Bewegung. Der heutige Mensch ist wieder empfänglich für religiöse Botschaften. In: Idea Spektrum Nr. 120/1992. 14. Dezember 1992. S. I/III.
ders.: Wie gut, dass es Maria gibt. In: Mut. Forum für Kultur, Politik und Geschichte. Dezember 1992.
ders.: Jaakobs Stern ist aufgegangen. Weihnachten, eine Welt in Bewegung. In: Mut. Forum für Kultur, Politik und Geschichte. Dezember 1993. S. 58–62.
ders.: Das Licht aus einer anderen Welt. Weihnachten wurde das

Fest des wiedergefundenen Paradieses. In: Hannoversche Allgemeine Zeitung vom 24. Dezember 1993.
ders.: Mit Schrecken und Entzücken. Annäherung an das Heilige. In: Reinhard Ehmann (Hrsg.). Heilige(s) für Protestanten. Zugänge zu einem »anstößigen« Begriff. Herrenalber Forum Band 7. 1993. S. 9–32.
ders.: Im Lichte des Glücks. Träume vom Paradies, fromm und profan. In: Stuttgarter Zeitung vom 5. Februar 1994.
ders.: »Dein Jesus lebt, es hat kein Not«. Das Geheimnis der Osternacht will immer wieder neu erlebt werden. In: Die Welt vom 2. April 1994.
ders.: Weißt du, wo der Himmel ist? Gedanken zum Himmelfahrtstag. In: Hannoversche Allgemeine Zeitung vom 7. Mai 1994.
ders.: Orte voller Angst und Schrecken. Zwei Werke zur Geschichte der Höllenvorstellung (Rez. Georges Minois. Die Hölle, und Herbert Vorgrimmler. Geschichte der Hölle). In: Hannoversche Allgemeine Zeitung vom 10. September 1994.
ders.: Im Angesicht des Todes (Rez. Reinhard Löw. Die neuen Gottesbeweise). In: Die Welt vom 10. Oktober 1994.
ders.: Mit kaltem Blick. Hans Küng über das Wesen des Christentums. In: Hannoversche Allgemeine Zeitung vom 19. November 1994.
ders.: Ostern. Zwei Annäherungen an das Geheimnis. In: Hannoversche Allgemeine Zeitung vom 15. April 1995.
ders.: War Jesus ein Holländer? Ein Besuch im biblischen Freilichtmuseum in Nimwegen. In: Hannoversche Allgemeine Zeitung vom 3. Juni 1995.
ders.: Wohin geht die Kirche? Wider die Allmacht des Zeitgeistes. In: Gegengift. Zeitschrift für Politik und Kultur. Dezember 1995. S. 5–14.
ders.: Ostern – Der Sieg über Tod und Teufel. In: Hannoversche Allgemeine Zeitung vom 6. April 1996.
ders.: Maria zeigt, wohin Nachfolge führt. Die Hochschätzung der Gottesmutter kommt aus der Volksfrömmigkeit. In: Deutsche Tagespost vom 7. September 1996.
ders.: Weihnachten, das wiedergefundene Paradies. In: Mut. Forum für Kultur, Politik und Geschichte. Dezember 1997. S. 76–95.
ders.: Wo ist das Paradies? Von der tiefen Sehnsucht in Werbung und Religion. In: Auftrag und Weg. Thema: Werbung. 4/1998. S.133—134.
ders.: Was ist im Himmel los? Christi Himmelfahrt: Biblisch-theologische Spurensuche. In: Idea Spektrum Nr. 20. 13. Mai 1998. S. 16–18.
ders.: Rudolf Otto – Theologe. In: Gymnasium Andreanum Hildesheim. Jahresbericht 2001. S. 46–48.

4. Bibelstellen

1. Geburt Jesu: Mit jedem Kind erscheint am Himmel ein neuer Stern

War Jesus der Sohn einer Jungfrau?
Die Geburtsgeschichte (Lukas 1.1–80; Jesaja 7.14; Matthäus 1.18–2.11)
Brachte Maria ihr Kind ohne ärztliche Hilfe zur Welt?
Salome (Jakobusevangelium, Kapitel 19–20)
Was wissen wir über Maria?
Marias Kindheit nach Jakobusevangelium, Kapitel 4–9
dazu: Stab-Test nach 4. Mose 17,16–24
Marias Schwangerschaft (Jakobusevangelium , Kapitel 13–16)
dazu: Eifersuchtsgesetz nach 4. Mose 5,12–31; 5. Mose 22,21

2. Kindheit und Jugendzeit: In der Liebe der Mutter wuchs er auf

Wann wurde Jesus geboren?
Geschichtliche Hinweise (Lukas 2.1–2; 3.1–2)
Welcher Religion gehörte Jesus an?
Die Beschneidung (Lukas 2.21–40)
Reinheitsgesetze: 3. Mose 12,1–8; 4. Mose 18,15; 5. Mose 15,19–23
Erziehung: 5. Mose 6,4 f. und 11,18–21 und 21,18–21
War Jesus ein schwer erziehbares Kind?
Jesus und seine Lehrer (Thomasevangelium, Kapitel 4–7; 14–15)
Wann erlebte Jesus sein spirituelles Erwachen?
Der Zwölfjährige im Tempel (Lukas 2.41–52)
Tempelreinigung (Johannes 2.13–25 und Parallelen)

3. Johannes der Täufer: Der Wegbereiter

Wer war Johannes?
Die Ankündigung seiner Geburt (Lukas 1.1–80)
Warum ging Johannes in die Wüste?
Am Jordan (Matthäus 3.1–12; Lukas 3.1–20)
Vorbilder (Elia: 1. Könige 17–19; 2. Könige 1,1–2,11 und Elischa 2. Könige 2,1–25)
Ist Johannes der Elia redivivus?
Johannes und Jesus (Matthäus 11.1–19; Lukas 9.13)
Seit wann ist Jesus Gottes Sohn?
Taufe Jesu (Matthäus 3.13–17; Lukas 3.1–22)
Warum wurde Jesus vom Teufel versucht?
Die Versuchung (Matthäus 4.1–11)
Sollte Jesus ermordet werden?
König Herodes (Matthäus 2.12–23)
Ein anderer Kindermord (2. Mose 1,22–2,10)
Warum wurde Johannes enthauptet?
Herodes, Herodias, Salome (Markus 6.14–29; 11.3–6; Lukas 9.9)

4. Wunder: Alles ist möglich, dem, der glaubt
Warum gilt ein Prophet nichts im eigenen Land?
Jesus in Nazaret (Lukas 4.14–30 und Parallelen)
Konnte Jesus Wunder vollbringen?
Weinwunder (Johannes 2.1–12)
Berufung des Petrus und des Andreas (Lukas 5.1–11)
Seewandel (Markus 6.45–52)
Konnte Jesus Tote auferwecken?
Jüngling von Nain (Lukas 7.11–17)
Tochter des Jairus (Lukas 8.40–56)
Lazarus (Johannes 11.1–45)
Wer ist der Teufel?
Exorzismen (Markus 1.24 und 5.1–20 und 9.14–29; Lukas 10.20 und 11.20–24)

5. Jüngerinnen und Jünger: Komm und folge mir nach!
War Maria von Magdala Jesu Geliebte?
Die Sünderin (Lukas 7.36–50)
Die Samariterin (Johannes 4.1–42)
Die Salbung in Betanien (Johannes 12.1–10)
Noli me tangere (Johannes 20.11–18)
Jüngerinnen (Lukas 8.1–3)
Wovon lebten Jesus und seine Jünger?
Nachfolge (Matthäus 8.18–22; Markus 8.34–38; 9.33–50; 10.28–31; Lukas 9.23–27)
Die Namen der Zwölf (Matthäus 10.1–4)
Die 72 Jünger (Lukas 10.1–24)
Die Aussendung der Jünger (Matthäus 10.5–33)
Hatte Jesus einen Lieblingsjünger?
Besondere Jünger (Markus 10.35–45)
Der Wettlauf zum Grab (Johannes 20.1–10)
Johannes (Johannes 13.23; 19.26; 20.2; 21.20)
Die Reaktion der Familie (Markus 3.21; Johannes 7.5)
War Petrus der erste Papst?
Seine Berufung (Lukas 5.1–11)
Sein Haus (Matthäus 8.14–17)
Bekenntnis (Markus 8.27 und 30 und Parallelen)
Der sinkende Petrus auf dem See (Matthäus 14.22–35)
Du bist Petrus (Matthäus 16.1–23)
Der Verrat (Lukas 22.54–62)
Andeutung seines Martyriums (Johannes 21.1–25)
Warum verriet Judas Jesus?
Der Verrat (Lukas 22.1–6; Johannes 13.21–30)
Sein Tod (Matthäus 27.5; Apostelgeschichte 1.19)

6. Die Botschaft: Das Himmelreich ist nahe!
War Jesus Pazifist?
Die Bergpredigt (Matthäus 5–7)
Über die Hölle (Markus 9.43–47; Matthäus 5.22.29; 7.19)
Feuer und Schwert (Matthäus 10.34)
Wie lautet Jesu berühmtestes Gleichnis?
Verlorener Sohn (Lukas 15.11–32)
Barmherziger Samariter (Lukas 10.25–37)
Wer waren die Pharisäer und Zöllner?
Einzelne Worte (Matthäus 21.31 und 43; 23.23; Lukas 18.13)
Wehrufe (Lukas 11.37–54)
Wann beginnt das Reich Gottes?
Gleichnisse (Matthäus 13.1–52)
Schalksknecht (Matthäus 18.21–35)
Weinberg (Matthäus 20.1–16)
Anvertraute Talente (Matthäus 25.14–30)
Vergibt Gott alles?
Die Sünde wider den heiligen Geist (Matthäus 12.32 f.)
Glaubte Jesus an den Weltuntergang?
Rede über die Endzeit (Matthäus 24.1–25.13)

7. Der Weg in den Tod: Eintauchen in das Mysterium
Die Bestätigung der Berufung auf dem Berg Tabor
Verklärung (Lukas 9.1–13)
Gethsemane: Die zweite Versuchung Jesu
Die Nacht vor der Kreuzigung (Lukas 22.39–46)
Jesu Gebet (Matthäus 6.9–13)
Der Prozess
Hoher Rat, Pilatus, Herodes (Lukas 22.63–23.31)
Fühlte sich Jesus von Gott im Stich gelassen?
Seine Sterbestunde (Lukas 23.32–49 mit Parallelen)
Wo war Jesus zwischen Karfreitag und Ostersonntag?
Descensus-Texte

8. Das leere Grab: Die Verwandlung
Wurde der Leichnam Jesu von den Jüngern gestohlen?
Die Grablegung (Lukas 23.50–56)
Die Wachen vor dem Grab (Matthäus 27.64)
Das Turiner Grabtuch
Frauen und Engel am leeren Grab
Auferstehung (Lukas 24.1–12 mit Parallelen)
Warum aß Jesus nach seiner Auferstehung einen Fisch?
Erscheinung vor den Jüngern (Lukas 24.36–49 mit Parallelen)

Anschrift:

Biblisches Freilichtmuseum
Profetenlaan 2
6564 BL H. Landstichting (Nijmegen)
Tel: 003180–229829
Fax: 003180–220473

Geöffnet vom 20. März bis 2. November.

Bibliografische Information Der Deutschen Bibliothek
Die Deutsche Bibliothek verzeichnet diese Publikation in der Deutschen Nationalbibliografie; detaillierte bibliografische Daten sind im Internet über http://dnb.ddb.de abrufbar

1 2 3 4 5 07 06 05 04 03

Ein Unternehmen der Verlagsgruppe Dornier
Postfach 80 06 69, 70506 Stuttgart, Tel: 0711/788030
Sie erreichen uns rund um die Uhr unter www.kreuzverlag.de
Umschlagfoto: Darren Robb/Getty Images
Umschlaggestaltung: P. Agentur für Markengestaltung, Hamburg
Satz: de·te·pe, Aalen
Druck und Bindung: Clausen & Bosse, Leck

Die Schreibweise entspricht den Regeln
der neuen Rechtschreibung.

ISBN 3 7831 2223 6